1時間の授業で子どもを育てる
コミュニケーション術
100

菊池省三

中村堂

は じ め に

　2015年３月に小学校教員の職を辞しました。

　退職してから今日までの１年間は、教育実践研究家として、全くフリーな立場で活動を行ってきました。

　講演会・セミナーでの講演、菊池道場の各支部での学習会への参加、全国の学校での飛込授業、書籍・雑誌やメルマガの著作活動や対談、テレビへの出演、そして映画の撮影と公開など、退職時には想像もしていなかったことも含めて、活動は多岐にわたりました。

　１年間の中で大きく変わった自分の環境に驚くとともに、多くの方々に支えられて２年目を迎えることができたことに感謝しています。

　この１年間で講演会・セミナーを約200回、飛込授業を54回、14冊の書籍を出版（菊池道場機関誌を含む）、様々なお立場の方との対談を７回（雑誌などで公開されたもののみ）、テレビ出演３回、ドキュメンタリー映画の作成と公開と、怒涛の日々が続きました。地元・北九州にいることが少ない生活になりました。

　退職以前は、週末や長期休業期間に行う講演会やセミナーでお話しすることが中心でした。「退職されたということは、平日に学校に来て、授業をしてもらうこともできるのですか」との問い合わせを退職後はいただくことが多くなり、実際に教室で初めて出会う子どもたちと１時間限定の授業を、数多く行わせていただきました。

　授業形態は様々です。オーソドックスに一クラス30名程度の子どもを対象に授業もしましたが、体育館で複数学年複数クラス合計120名を対象に授業をしたり、複式学級で10名程度の授業をしたり、１〜６年全校17名の小さな学校で一斉授業をしたり…。

　依頼されるままに、全ては勉強だと思い、自分の考える授業観がどこまで通用するのかとの思いで、挑戦してきました。

　現役時代には、１年間の見通しをもって子どもと接し、育てていくということが当たり前でした。

環境が変わって、１時間の授業で勝負をしなくてはいけなくなったとき、私らしさのある授業とは何だろうということを考えました。

　戦後、全国で約70年間にわたって行われている知識伝達型の一斉授業では、子どもたちは「整う」ことを求められているように思います。教室での姿勢の指導などが典型だと思います。椅子の座り方、机との距離、ノートに置く手の角度など、細部まで指導されています。
　ところが、こうした指導が通用しなくなっている現実が、今の教室にはあります。社会から求められる人間像も、無思考で静かに指示に従う人間像から、創造的に思考ができ問題解決ができる人間像へと変わってきています。
　にも関わらず、学校はそれに対応できていないのです。
　私が見た全国の教室の子どもたちは、「硬く」、「遅い」という印象をもちました。
　一斉授業の中で子どもたちの価値観の交流がないと、結果、教室は硬直し動きがなくなって、遅くなってしまうのだろうと思います。
　こうした現状を打破して、柔らかく動きのある教室をつくりたいと思いました。そして、柔らかく動きのある人間を育てたいと思いました。
　たとえ、１時間の授業であっても、その連続と蓄積が１年間の指導であるとするならば、そこで子どもを変容させることは可能だし、授業の中の原理は、１時間で示しきれるのではないかと考えたのです。
　そのために、自分自身でも気付いていない、教師としてのコミュニケーション術を徹底的に分析しようと思ったのです。

　全国で開催された菊池道場の支部によるセミナーの翌日、その支部メンバーと勉強会を開催しました。そこでは、メンバーの実践報告や私の飛込授業の徹底分析を行いました。
　授業を記録した動画を見ながら、何か気になることがあったとき、誰でも自由に「止めて」と発言して動画を止め、そこで行われている私のアクション、発問、言葉かけなどについて、意味を考え合うのです。それを「ストップモーション」と呼びました。

この学びの蓄積が、次の授業に生かされ、それをもとに研究を進めるということを続けました。

そして、ここに、「１時間の授業で子どもを育てる　コミュニケーション術100」というタイトルで、１時間の授業に現れた私の超微細な技術とそのもととなっている私の教育観・指導観をまとめることができました。

この本は、2016年２月26日に、福島県いわき市立三和小学校でさせていただいた５年生21名との飛入授業（教員向け研修授業）を私自身が自ら徹底分析したものです。素直で友達を大切にし合える子どもたちとの１時間は、とても楽しい時間でした。そして、学びと発見の多い１時間でした。

１時間の授業の中で行われる教師のすべての術は、その人の「観」に基づく発露だと思っています。自分らしく考え続けられる人間を育てたいと考える私の術の一切は、その「観」に基づいているのです。

観が違えば論が違う。論が違えば術が違う。

観が変われば論が変わる。論が変われば術が変わる。

2014年３月に発行した「コミュニケーション力あふれる『菊池学級』のつくり方」は、１日の中で行っている私の実践の具体的な内容をまとめたものでした。

2016年３月に発行した「１年間を見通した　白熱する教室のつくり方」は、文字通り１年間の見通しの中で、話し合いができる子どもたちを育てる実践の全貌を明らかにしました。

これで、１時間、１日、１年間の三部作が完成しました。

私の考える「授業観試案」をつぎのページに掲載いたしました。

一斉指導での知識・理解を重視する授業から、対話・話し合いを通して他者との関わりの中から起こる内側の変容を重視する授業へと変え、「覚える授業」から「考える授業」へと変えていくことで、他者との対話を通して学び続け、考え続けられる人間へと成長していくと確信しています。

菊池道場　道場長　菊池省三

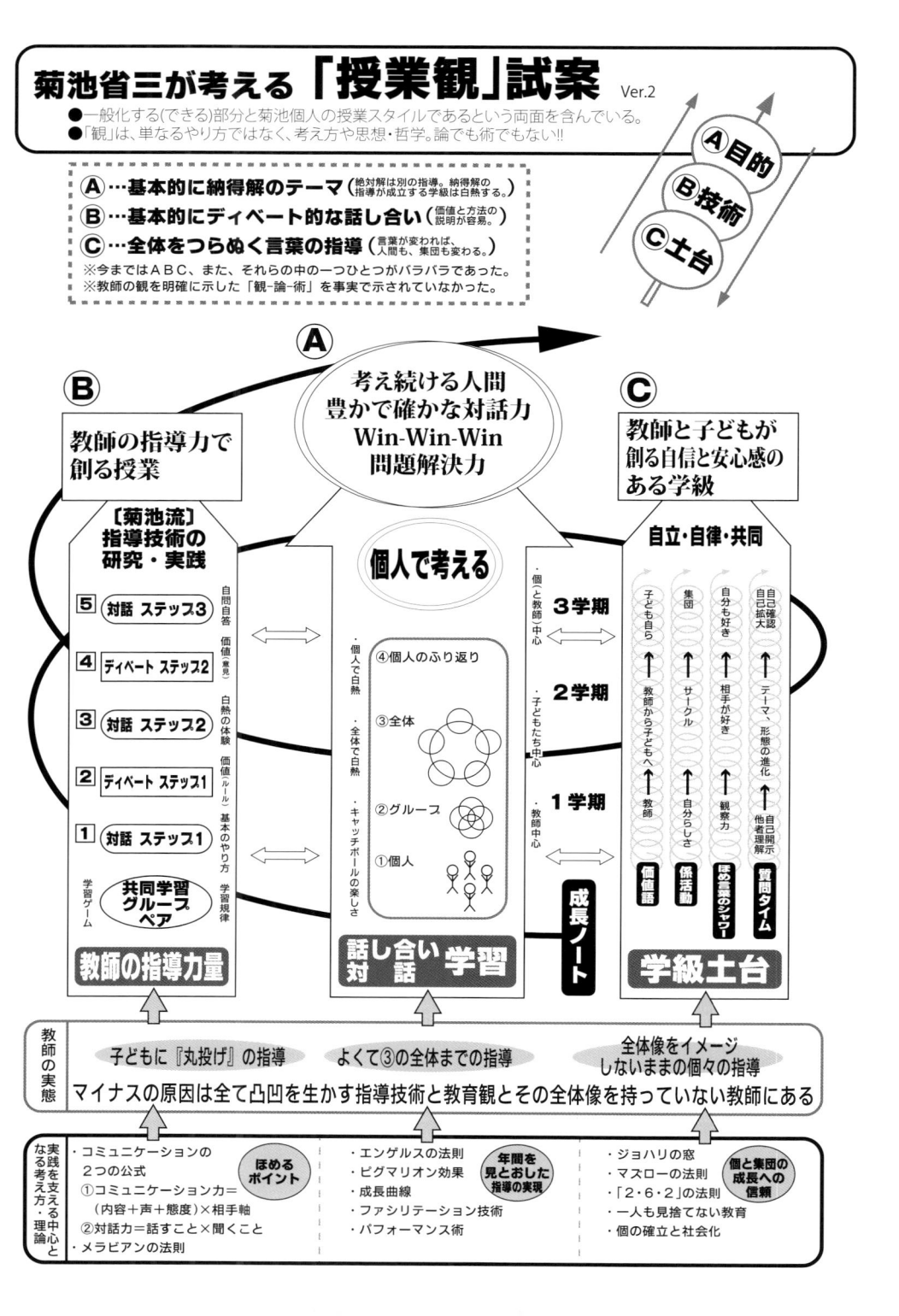

１時間の授業で子どもを育てる　コミュニケーション術100

も く じ

はじめに ……………………………………………………………………… 2

Ⅰ　１時間の授業で子どもを育てる ——————————— 11

①菊池流授業　５つのめあて ……………………………………………… 12

②教師のパフォーマンス力で教室の空気を変える ……………………… 14

③黒板の５分の１を価値語のスペースにする …………………………… 16

④基本的な学習態度を教え定着させる …………………………………… 18

Ⅱ　コミュニケーション術100 ————————————— 21

①授業記録　福島県いわき市立三和小学校　５年生 …………………… 22

②コミュニケーション術100 ……………………………………………… 52
　１．最初に拍手という動きを指示してそのスピードをほめる
　２．黒板５分の１のスペースに、その時間に大切にしたい価値語を書く
　３．子どもたちが集中して黒板を見ていたら、板書した言葉は読まない
　４．全員を相手に話していることを伝える体の向き、目線、指先を意識する
　５．学級全体をほめることで一体感を出させる
　６．「読める人？」待たないで「速い」と価値語とつないでほめる
　７．スキンシップをしながら挙手の仕方の指導
　８．正しい挙手の仕方を示して、「ビデオの巻き戻し」をする
　９．子どもたちの私的な言葉を意図的に使う

10. スキンシップで挙手の指導をした子どもとは違う子どもをあえて指名する
11. 正対し合う具体的な体の動きをほめる
12. 正解が出ることを確認している場合は「拍手の用意」をさせておく
13. ほめる行為を「言葉＋拍手＋握手」で
14. 教師の動きに緩急をつける
15. 望ましい行動をさせるために、前もってその在り方を示しておいて取り組ませる
16. 行動前に「価値語」を示して、その行動を促す
17. 短い時間で相談させることを多用する
18. ある子との対話を小声で行い、全員に聞かせる
19. 身近なネタで子どもたちの興味を引き、楽しさを演出する
20. 正対し合う行為を教師の体や指の動きで示す
21. 「相談しましょう」のあとは複数の子どもを指名する
22. 子どもの発言の最初の読点で大きくうなずき、相槌を打つ
23. 子どもから離れて聞く
24. プラスの小さな行為をほめて全員が行うようにする
25. 小さな挑戦をさせる
26. 子どもたちの回答を否定しないで、クイズ形式にして再度考えさせる
27. 話すスピードに緩急をつけて、ピリッとした空気をつくる
28. 拍手のさせ方を工夫する
29. 教師が自己開示をして「Ｉ（アイ）メッセージ」を伝える
30. 「２度ほめ」をする
31. 質よりも量を求める指示を行う
32. 繰り返すことによって学ぶ力を強化する
33. 「相談しましょう」は、納得解であり不正解がなく「答え」も多いので、全員が参加できる
34. しっかり手を挙げている子のやる気にジャンプして応える
35. 指示する前に行動している子どもをほめる
36. 挙手している子どもを全員立たせる
37. 指名するときは、その子どもの近くに行き片手を差し出す
38. ユニークな意見を言った子どもを取り上げる
39. 友達の意見に触発されたつぶやきをクラスの価値としてとらえる
40. 子どもたちの学びのよさを抽象的な言葉で価値付け、授業のねらいとつな

げる

41. 子どもから出ないことは、教師が示す
42. 「相談しましょう」の言葉をユーモアのある言葉に変える
43. アクシデントを指導の場にする
44. 担任の先生と話をして「第三者ほめ」を行う
45. スピードを競い合うようにさせる
46. 自分の意見（立場）の発表前に学級の結果を予想させる
47. 違いや対立を大切にする
48. どの意見か挙手させ、全員が挙げたかどうかを確認する
49. 教師の次の問いを予想させる
50. 少しでも学ぼうとしていたらほめる
51. 話し合いができるように話し方を指導する
52. 子どもの「間違い」をプラスに価値付け評価する
53. そのときの教室にある「もの」を最大限活用して雰囲気をつくる
54. 活動前に望ましい基準を示す
55. 常に見ること＝集中して学習することを意識させる
56. 常に学習に参加していることを表明させる
57. 早く終わった子どもに課題を与える
58. 活動前に「自分の思ったことでいいんだ」と安心感がもてる情報を与える
59. 意図的に小声で話して、教師の伝えたいことをよりはっきりと理解させる
60. 机間指導で、書けていない子がいてもうろたえないで、称賛のつぶやきを口にする
61. 自由起立ができない（まだ書けていない）子どもにチャンスと適度な負荷を与える
62. 立てていない子が友達の発言を聞いて立つように仕向ける
63. 後から立った子への温かい言葉かけをする
64. 「正解」を示す前に、どれも「正解」だと受け止めておく
65. 授業の流れに変化をもたせ、授業を立体的にする
66. 子どもたちの勘違いをユーモアでスルーする
67. 自分の考えを書かせるときは、ゆっくりした説明から素早い指示への話し方を工夫する
68. 机間指導で適度に挑発する
69. 机間指導であとの意図的指名を考えておく

70. 授業では、読む力を鍛える
71. 一人の子とのしゃがみこんでの小声の対話を聞かせることで、活動の前にルールを全員に伝える
72. 指示を最後まで聞くことよりも先に動こうとした子どもをほめる
73. 教師の話の聞き方、学びへの態度を観察しておき、その子の反応力を見ておく
74. 拍手でほめるバリエーションを流れの中で豊かに活用する
75. 自由に立ち歩いての対話場面では、教師は外から子どもたちの様子を眺める
76. 聞き方のレベルをより上げる
77. 活動の評価を行う①
78. ポイントを印象付けるためにペアでそれを確認させる
79. 活動の評価を行う②
80. 班や列指名のときの発言順は希望者からとする
81. 男女のペア、混合のときには、レディーファーストで行う
82. 子どもの呼び方を意図的に変える
83. 書かれていないことを発言したことをほめる
84. 拍手の規模を拡大する
85. ユニークな発言の理由は、その発言者に言わせず、まずは全員に考えさせる
86. 自信のない子の発言でもどこかをほめる
87. 大切な説明は、対話形式で行う
88. 予想することへの抵抗感をなくさせる
89. 予想で間違えた子には、その間違いを無視して正解を示し、ユーモアを生み出す
90. 子どもたちのつぶやきに引きずられないようにする
91. 廊下に子どもを出しての秘密会議
92. 当ててほしい人は、中指の爪の先を動かす
93. 正解の子どもに挙手をさせ、そのまま頭の上に掌を置かせて「正解。よしよし」
94. 自由に立ち歩くときに一人の子に、友達に「誘ってあげて」
95. 拍手は、「強く」「細かく」「元気よく」の３つのポイントを
96. 机を班にするのは10秒以内で。憲法に書かれています。

97. 先生が近づいて右手を出して「はい、どうぞ」と言ったら、その人は発言しないといけない。これも憲法に書かれています

98. 「相談しましょう」で先に口を開いている

99. 授業開始時はマイナスであっても後半で頑張ってる子に「心が折れないですね」

100. 教師の言葉のあとに同じことを言わせて盛り上げる。「いやあ、まいったまいった」

Ⅲ 子どもの変容の事実 —————————————— 153

おわりに ……………………………………………………………… 162

I

1時間の授業で子どもを育てる

① 菊池流授業　5つのめあて

　私は、授業の中に、つぎの「5つのめあて」を設定しています。

　○表のめあて ……………………………… 知識・技能
　○学級経営・心理的なめあて ……………… ほめる（失敗感を与え
　　　　　　　　　　　　　　　　　　　　　　ない）
　○学習規律的なめあて ……………………… 共通ののぞましい態度
　○学び方、考え方のめあて ………………… 学習用語
　○子ども同士のつながりを育てるめあて …… 関係性

○表のめあて

　第一のめあては、授業における一般的なものです。学習指導要領の中に、各教科の知識・理解の内容がまとめられています。小学校段階で身に付けておきたい基礎・基本の学力といわれるものです。これをないがしろにすることはありえません。私もそれを筆頭に掲げます。

○学級経営・心理的なめあて

　どのような学級をつくっていくか、そして、その土台となる一人ひとりの自尊感情をどのように高めていくか、というめあてです。

　基本は、ほめることです。ほめるポイントを7点に整理します。

　1. 「過去」と比べてほめる
　2. 具体的にほめる
　3. すぐにほめる
　4. 同じことを何回もほめる
　5. 一人ひとり、別の言い方でほめる
　6. 価値付けをしてほめる

— 12 —

7．目立たない子どもをほめる

○学習規律的なめあて

　共通の望ましい態度を、価値語で示します。最後の菊池学級では、子どもたちがこの部分を「成長の授業」と名付けてくれました。M（Mother）F（Father）C（Child）のFの側面でもあります。「授業の中の生徒指導」と言ってもよいでしょう。集団づくりのために、欠かせないめあてです。

○学び方、考え方のめあて

　学習用語をきちんと指導することは、学びの中の言葉の植林と言えます。学習用語を知ることで学びが深まります。思考の手かがりになるからです。

○子ども同士のつながりを育てるめあて

　子どもたち同士の横のつながりをどのようにつくり、関係性をどう高めていくかというめあてです。「人と人の関わりの中で人間は成長する」のですから、このめあては重要です。一斉指導型の従来の授業のめあてと一線を画する部分でもあります。

②　教師のパフォーマンス力で教室の空気を変える

　全国で飛込授業をさせていただいて、程度の違いはありますが、改めて子どもたちが硬く、遅くなっていると感じました。

　教師が教卓から動かず、子どもたちも自分の座席で静かに教師の言葉を聞くことを求められる教室では、硬く遅い子どもになってしまうことは、当然の結果です。

　一斉指導型の授業では、子どもたちには正解を答えることが求められます。正解は、自分の中にある自由な考えではなく、外にある絶対的なものです。自分の外にある正解を探すことが、学びの中心になっているのです。

　それは、主体的に考え学ぶというスタイルとは正反対の、正解を外に探すだけの受動的な学びです。知識を取り込むという、旧来の学びの仕方です。

　本書の最後に、私の授業を受けた子どもたちの感想のごく一部を掲載しました。そこには、私たちが考える以上に、子どもたちの学びに対する純粋な気持ちが書かれています。そして、子どもたちが本能的に求めている学びのスタイルが率直に書かれています。

　私は、この飛込授業によって、これまで考えてきた授業観が間違いではなかったことを確信しました。

　硬かった子どもたちも、遅かった子どもたちも、１時間の授業で変容します。それは、もともと子どもたちが、柔らかく、素早い動きのできる存在であることを証明しています。子どもたちのもつ可能性を最大限に発揮させられる教師でありたいと思います。

　そのためには、教師自身がしなやかにスピード感をもった存在であることが求められます。教師の頑張りに子どもたちは、必ず応えてくれま

す。

　硬く遅いことを求めるのか、柔らかく速いことを求めるのか。教師の「観」の違いによってのみ、子どもの成長の姿に違いは現れるのです。子どもの名誉を考えたとき、私は、それ以外に理由を探すことは即刻やめよう、と言いたいのです。

③　黒板の５分の１を価値語のスペースにする

　「菊池流授業　５つのめあて」の三つ目に書いた「学習規律的なめあて」を実現していくために、私は、黒板の５分の１を「価値語」を書くスペースにしていました。

　「価値語」は、考え方や行動をプラスの方向に導く価値ある数々の言葉という意味の私の造語です。「リセット」とか、「一人が美しい」といった価値語が有名になりました。

　※詳しくは、「価値語100　ハンドブック」や、「菊池省三先生の価値語日めくりカレンダー」（共に、中村堂発行）を参照してください。

　こうした言葉を子どもに伝えると、言葉は実体験を求めるという原理に従って、言葉のもつ意味を体験的に学び、考え方や行動に大きな影響を与えるようになります。

　「価値語をいつ指導されるのですか？」という質問をいただくことがありますが、その答えは、「いつでも、どこでも、黒板の５分の１を使って」です。

　学習規律的な内容、生活指導的な内容を、教室の中に現れた良い行動をほめるとともに、価値語として書き記すことで、学級独自の文化としての成長に向かう規律ができあがっていきます。

　菊池学級のキーワードは、「成長」でした。年度のスタートに「成長曲線」を示し、非日常の出来事を成長のチャンスととらえた「成長年表」をつくり、いくつものテーマで「成長ノート」を書き続けます。この「成長」の土台となるのが、「価値語」なのです。

④　基本的な学習態度を教え定着させる

　②の「教師のパフォーマンス力で教室の空気を変える」で書きましたように、硬く遅い教室の学びは、受動的です。

　もともと、人はアクティブ・ラーナーですが、一斉授業・統率型の授業によって、アクティブな学びを否定され、打ち消されてしまっているのです。

　ですから、私は、人間が本来もっている学びに対する積極性や主体性、能動性を取り戻したいのです。

　能動的な学習態度を育てるポイントは、意見についての理由を相手にきちんと伝えることだと思っています。理由には自分らしさが出てくるからです。

　理由がない意見は暴論と言います。理由のない意見は、「いじめ」と同じだと言えます。

　さらに、学びの積極性を回復していくためには、間違えることをマイナスにとらえない教師の「観」が必要です。正解を求められると、子どもたちは萎縮します。絶えず、自分の考えは正解なのかどうかという二極的な思考の中に閉じ込められてしまうからです。正解ではないことを否定される教室では、納得解を求める自由な話し合いは生まれません。

　二項対立的な授業の中では、子ども同士の信頼関係も共に成長する喜びも生まれません。

　私は、そうした話し合いの基本的な力を育てるために、ディベートはとても有効だと考えています。

　私は、ディベートをとおして、次の二つの力を育てたいと考えています。

— 18 —

・感情的にならず、人と論を区別する力
・相手を尊重しながら話し合うことができるようにする力

　これらは、学習態度としての基本であるとともに、重要なことでもあるのです。

　人と自由に話し合いができるようになると、学びは能動的になります。絶えず、他者に学び、新しい価値を自身の中に取り入れようとするのです。

　さらに、学習の基本態度を育てるために必要なのは、スピードです。
　このことについては、この後、本書の中で具体的に述べていきますが、スピードを意識した授業は、子どもたちの学習意欲を高めるものです。

Ⅱ
コミュニケーション術100

Ⅱ ① 授業記録

授業記録 福島県いわき市立三和小学校 **5年生21人** 2016年2月26日

菊池	（拍手） いいですね。① 胸の前で拍手をしてねって先生が言うじゃないですか。 そうすると。 （黒板の左側に「切り替えスピード」と書く）② が、めちゃくちゃ速いですね。③ そういう学級ないですよ。④ こうしましょうって言ったら、ぱっとやる。 はい、やめましょうと言ったら、ぱっと切り替える。 そのスピードが速いです。驚きました。⑤ （黒板の右側に「菊池省三」と書く） という名前です。 はい、読める人。 速い、だからこれ速いでしょ。⑥ めちゃ、うまいなあ。 （子どもの挙げている手の先に触れながら） 見て、この手の挙げ方の美しさ。 右手をピシッと挙げて、中指の爪の先をね、天井に突き刺すの。⑦ （すぐにそれをやっている子を見ながら） そうそう。	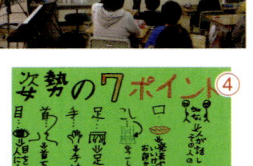

いい？いい？
もう一回、巻き戻すぞ。
（頭に着けた記録用のウエラブルカメラ
を指差しながら）
これがあるからな。
なんぼでも、巻き戻すからな。⑧

という名前です。
はい、読める人？
ほら、ね、見て、この。
（子どものピンと伸びた指先に触れなが
ら）
めっちゃ⑨手の挙げ方のいいあなたの後
ろの後ろのあなたに、はい、どうぞ。⑩

立って言うでしょ。
ねぇ、なんてあなたたちは素晴らしいん
だろう。
見て。
（後ろの発言する子を見るように体ごと
後ろを向いている子の足元を見ながら）
（指名した子が立つように促しながら）
立って言いましょう。
こうやって見てあげるんだ。
だから仲がいいんですね。

５年生のこの学級がいかに素晴らしいか
がもう分かりました。
友達ががんばって言うんだから見てあげ
ますよね。⑪

すごいなあ。
はい、拍手の準備を。⑫
（席のいちばん後ろに下がって発言しよ

子 菊池	うとする子どもを見て） えらい！ 彼への優しさですね。 腕上げたな。 拍手の用意もしていますか？ はい、どうぞ。 きくちしょうぞう先生です。 はい、大きな拍手を。 （菊池先生と子どもが握手をする。子ど もはおじぎもする⑬） 頭まで下げていただいてありがとうござ います。 めちゃくちゃうれしいなあ。 （菊池先生、ステップしながら前に戻る ⑭） 先生、めちゃくちゃうれしいって言った んだけど、なぜだか分かりますか？ 分かると思うなあ。 あなたたちの得意技を担任の先生たちか らも聞いています。 「相談しましょう」って言ったら、隣同 士ね。 めっちゃ速い切り替えスピードで、相談 をするんでしょうね。⑮⑯ はい、なぜ、先生は、彼女のことをめち ゃくちゃすごいと言ったのでしょうか。 はい、５秒だけ。⑰ （子どもたち、隣同士で相談を始める） 速い！ （子どもたち、相談）	

— 24 —

	はい、やめましょう。 ほら、速いでしょ、切り替えるのが。 （教室の前の隅の子どもと内緒話を始める） 先生、内緒の話していい？⑱ ほかの人たちには、あまり聞かれたくないんだけどね。 さっき紹介した、「世界一受けたい授業」に出たって言ったでしょ。 MCがくりぃむしちゅー、知ってる？⑲ 彼たちがすごいのは、めっちゃ切り替えの頭の回転が速いからだって。 5年生のクラスは、みんなくりぃむしちゅーみたいだな。 聞こえた？⑳ うそー。 はい、じゃあ、相談した人、手を挙げましょう。 すごいですね。 はい、じゃあ、この列の人、3人立ちましょう。㉑ しっかり…。	      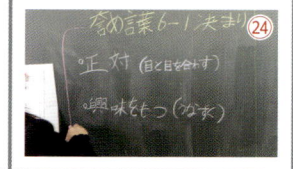
子 菊池 子 菊池 子 子	うん！ 先生の眼を見て、手を挙げていたからです。㉒㉓ なるほど、それもありますよね。えらいなあ。㉔ 先生を見て、しっかり挙げていたこともあるし、しっかり礼もしていました。 ○○さんは、そこに行って、はっきり話

菊池	していた。 それもあるね。それもあるけど。 ヒントほしい？ヒントほしい？㉕ 分かった人は、ウッって迫力姿勢してください。 （菊池省三という漢字の左横に「きくちしょうぞう」と書き、さらに下に「○○」と書き加える㉖） はい、分かった人、迫力姿勢をしましょう。 （子どもたち、姿勢を正す） そういうの、迫力姿勢って言うの。 パッていくよ。突き刺すぞ。 どうして先生は、めちゃくちゃほめたのでしょうか？ 分かった人？㉗ 速いなあ。速いなあ。 お待たせしました、どうぞ。	  
子 菊池	名前に「先生」を付けたから。 私だって大きな拍手ほしいよね。㉘ （○○の中に、先生と書き加えながら） ここまで（名前）しか書いてないのに、ここ（先生）まで言ってくれたので、とても大切にされているなあと思って、うれしかったです。㉙ その気持ちで、めちゃくちゃすごいなあと言いました。 はい、えらい。彼女にもう一度大きな拍手を贈ってあげましょう。㉚ （拍手）	  

	という名前です。 ええっと、45分間ね、楽しく過ごしていきたいなあと思っています。 先生、初めて、ここに来ました。 とっても自然がいっぱいありますね。 多分、いろんな植物が、あの、生えているんでしょうね。 植物には、いろんな部分がありますね。 どんな部分があるか、ね、いっぱい出してみよう。㉛ 得意技見せてね。 (黒板の「切り替えスピード」を指さす)㉜ はい、植物にはどんな部分があるか、隣の人と、はい、相談しましょう。㉝ (8秒後) はい、やめましょう。 速いなあ。 相談した人？㉝ 相談をした人？ 速いなあ、めちゃ速いなあ。 見て、いちばん後ろの彼なんか。 (と菊池先生は言いながら、手を高く挙げてジャンプする) ジャンプしないと。 授業中はジャンプするくらいやらないと、穴開かないもんな。㉞ はい、どうぞ。	  
子	えっと、葉とくきと根がある。 (黒板に、葉、くき、根と書く)	

菊池	はい、まだ次があるよという人は手を挙げているでしょ。㉟
	はい、そこがすごいの。
	まだ、ほかにありますね。
	はい、手を挙げましょう。
	おっ、すごいなあ。
	じゃ、今、手を挙げている人、立ちましょう。㊱
	どうぞ。㊲
子	えっと、花びら。
菊池	あ、花びらがあるか、なるほど。
	（菊池先生、黒板に、花びらと書く）
子	同じだった。
菊池	同じだったら、座ってください。
	はい、どうぞ。
子	くきについている枝。
菊池	あっ、枝ね。
	（菊池先生、黒板に、枝と書く。動作で子どもを指す）
子	あの、実がある。
菊池	実があるね、はい。
子	めしべ。
菊池	ああ、めしべ、おお。㊳
	（おしべもあると、子どもたちがざわつく）
菊池	友達が言ってくれたから、「めしべ」って彼が言ってくれたから、「おしべ」って出てきたんでしょ。
	あなたたち、よく聞き合ういいクラスなんですね。㊴

菊池	聞いて考えているんですね。 とってもいいクラスですね。 そういうのを多分…。 はい、大きな拍手してあげてください。 （拍手） （黒板に、「思いやり」と書く） これ、あふれてるんでしょうね。⑩ ね、友達が言ったら、パッと判断してね。 これ読める？ （菊池先生、黒板に、幹と書く）⑪ （複数の子どもたちが「みき」とつぶやく） はい、読める？ 習ってないね、まだね。 じゃ、確認しようか、隣の人と。 「あんた、あれも読めんのか？」って、 隣の人に聞いてごらん。⑫ （子どもたち、相談し合う） はい、読める人。 速いなあ、速いなあ。 じゃ、いちばん後ろの女の子、どうぞ。	  
子 菊池	えっと、みき。 はい、みきですね。 大きな拍手。 （拍手） はい、この中で、いちばん見たいもの、 いちばん好きなものは、どれですか？ はい、じゃあ、何か書くものありますか？ 国語のノートか、何かありますか？ 何でもいいです。 （担任の先生が、集めて棚に置いてあっ	

たノートを取り出すと、子どもたちが自主的に配り始める）

あなたたちでしょ。

あの、「どうぞ」って言われたら、「ありがとう」ってもらったときに言う人。㊸

ね、すごいな。

担任の先生と雑談していい？

動き、むちゃくちゃ速いですね。㊹

速い。

もう、開けてるね、すごいなあ。

はい、じゃあ一つ選んで、はい、ノートに書きましょう。

書けた人は、書けましたって言うの。

子	書けました。
菊池	1番！ さあ、誰が2番か？㊺
子	書けました。
菊池	2番。
子	書けました。
菊池	はい、3番。

なるほどねえ。

よし、聞いてみようかな？

ええっと、5年生さあ、今、20何人いるんだけど、このクラスね。

いちばん多いのは、どれだと思いますか？㊻

君たちのこれを見せてもらおう。

（菊池先生、黒板の思いやりを指さす）

なんだと思う、このクラス。

子	枝。

菊池	枝？ あっ、枝ね。 なるほど。 あなたは、何だと思いますか？	
子	花。	
菊池	花だと思う。 ね。 あなたは何だと思う？	
子	葉。	
菊池	あっ、葉だと思う。 分かれるね。 読んでるね、先生のことを。 先生ね、意見が分かれたら異常に燃える タイプなの。㊼ すごいですね。 ここまで読まれるとは思わなかったです ね。 はい、じゃ、聞いてみましょうか。 （根を指して） の人？ どうぞ。 突き刺す。 1、2、3。 はい、3人ね。 葉。 葉は、いない。 くき。 はい、いいですよ。 花。 …13。	

	はい。 はい、枝。 はい、３。 はい、幹？ はい、２。㊽ はい、次に先生は何て聞くでしょうか？㊾ はい、読め。 じゃあ、隣の人と、得意技、はい、３秒。どうぞ。 はい、やめましょう。 速いねえ。 はい、相談した人？ じゃ、相談しようとした人。㊿ 手、挙げた？ じゃ、はいどうぞ。 立って言うでしょ。 いちばん聞いていない人超がん見しながら話して。51 超がん見だぞう。 （最前列の子どもが、椅子をしまって前に出ようとする） おお、出て来るか。 腕、上げたなあ。 （指名された子、周囲を見渡す。笑いが起こる） 見つめ合うんじゃないぞ、超がん見するの。 さあ、どうぞ。	   
菊池	
子	小さいのに、木にしっかりついているか

菊池	らです。 なるほど、なるほど。 はい。 彼は先回りしてくれました。 彼はどんなことを言ったのですか？ はい、分かる人？ 優しい、いいクラスですね。 あなたもすごいけど、あなたがすごいのは、みんながすごいからですよ。⑤

子 菊池	思いやりあふれて。 はい、どうぞ。 えっと、理由だと思います。 理由、いい？ カメラに向かって、うんと言え。⑤

	いい？ はい、隣の人に「あんたの理由言ってごらん」とか言って、理由を相談してごらん。 はい、どうぞ。 はい、やめましょう。 はい、じゃあ先生ねえ、短い詩を書きますから、先生のスピードに負けないように。⑤

	もう、書こうとしてるでしょ。 だから、すごいですね。 書きますよ。 （菊池先生、黒板に詩を書く） 先生の体で見えなかったら、透視してください。⑤

	透視してる？

花を支える枝
枝を支える幹
幹を支える根
根は（　　　　　）だなあ
相田みつを『にんげんだもの』文化出版局より引用

菊池	はい、書けたら、「書けました」って言いましょう。㊶
子	書けました。
菊池	終わった人は、先生が次に何と聞くか、もう考えているんでしょうね。㊷
	じゃあ、先生、次になんて聞くかもう考えてる人。
	読め。
	すごいですね。
	はい、どうぞ。
子	先生が次に聞くのは、根の次の（　）の中には何が入るか。
菊池	なるほど。
	15分くらいしかたっていないのにすごいですね。
	はい、じゃあそこに、どんな言葉が入ると思うか、書きます。
	（2列めの子にささやく）
	これも聞かれたくないんだけど、みんな同じってこと考えられる？
	違っていいんだよね。㊸
	はい、だそうですよ。㊹
菊池	じゃあ、書きましょう。

	はい、どうぞ。 （机間指導をしながら） ああ、なるほどね。 できた？ なるほどねえ。 すごいなあ。⑩ ああ、なるほど。 なるほどねえ。 はい、じゃあ鉛筆を置きましょう。 書けた人、はい、立ってごらん。 今、座って一生懸命考えている友達がいるんだけど、みんながこう発表していったら、その座っている友達も、「ああ、そうか、そういうことでいいんだ。あっ、それとぼく、同じだ。私、同じだあ」って、みんな立つかなあ。⑪
子 菊池	多分 立つと思う？ 先生も立つと思います。⑫ すごいなあ、ねえ。 …だそうですよ。 はい、どんどん言ってもらいましょうか。 はい、どうぞ。
子 菊池	ぼくは、根は強そうだなあと思いました。 ああ、強そうだなと思った。 なるほどね。 もう、言った人からどんどん座ってください。 はい、どうぞ。
子	私は、根はみんなを支えるリーダーだな

	あと思いました。
菊池	あっ、みんなを支えるリーダーだなあ。
	なるほどね。すごいなあ。
	はい。
子	私は、根は丈夫だなあ…。
菊池	あっ、根は丈夫だなあ、ね。
	なるほどね。
子	根は立派だなあ。
子	根はすべてを支えているんだなあ。
菊池	すべてを支えている、なるほどなあ。
	見て、君が言ったとおりだ。
	なった、ねえ。
	すごいなあ。
	はい、どうぞ。
子	似ていると思うんですけど、すべてを支えるものだなあ。
菊池	すべてを支える。
	もう書けた？
	君が言ったとおりだなあ。
	すごい学級ですね。はい、どうぞ、お待たせしました。㉖
子	根は、みんなを支えているなあ。
菊池	ああ、根はみんなを支えているなあ。
	なるほどね。
子	根は、大切な存在。
菊池	ああ、大切な存在。
	なるほど。
	多分、正解はあるんだけど、みんなが思っていること全部をひっくるめたようなことなんでしょうね。㉖

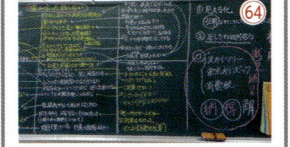

子	はい。
菊池	根は、力持ちだなあ。
	ああ、力持ちだなあ。
	なるほどね。
	はい、どうぞ。
子	根は、強く支えている。
菊池	ああ、強く支えている。
	なるほど。
	よく知ってんだね。
	はい。
子	根は、支えているんだなあ。
菊池	ああ、支えている。
	じゃあ、正解を書きます。
	書いていい？
	えっとねえ。赤で書こうかな。
	（（　）の中に、「みえねん」と書く）
	はい、では全員立ちましょう。
	正解を入れて、はい、こっからここまで、

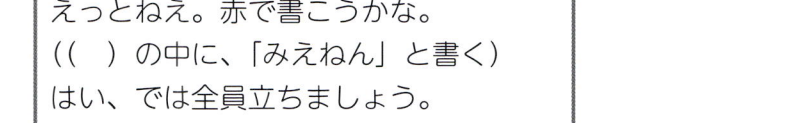

3回声に出して読んだ人から、あの、座りましょうか。⑥⑤

はい、元気よく読んでね。
どうぞ。
ああ、違う、違う。
ここから、ここから。
いい、全部やり直したら、先生、またここから「はい、拍手」って出てきて、全部やり直さないといけなくなっちゃう。⑥⑥

ここからやるのいい？
びっくりした。

また最初からやるんかと思ったぞ、ほんとにねえ。
はい、どうぞ。

花を支える枝
枝を支える幹
幹を支える根
根はみえねんだなあ
相田みつを『にんげんだもの』文化出版局より引用

菊池

だぶん、みんなが言ってくれたようなことですね。
はい、じゃあ、みんなを花としましょう。
じゃあ、みんな、自分、花を支えてくれている根は、そういった人、あるいは物は何ですか？
あなたたちの立派な、素直な、思いやりあふれる、あなたたちの花を支えている根にあたる、人や物は何ですか？
一つでもいいし、二つ、三つでも構いません。
おお、もう書いてる、速いなあ。
はい、じゃあ、ノートに書きましょう。⑥⑦
人や物。
書けた？
おお、二つ書いたんだ。
速いねえ。
おお、なるほど、もう、三つ書いている人がいる。⑥⑧

すごいなあ。

うん、自分を支えている、自分が花だとしたら、根っこにあたる人や物。

うん、物でもいいです、物でも。

すごいなあ。

(机間指導を続ける) ⑥⑨

はい、じゃあ鉛筆を置きましょう。

今から、自由に立っていいですから、友達と二人ないし三人になって、いろいろ、こう、話し合いをしてもらおうと思います。

私、こう書いたんだよとか、あなたどう書いたとか。

そのときに、今、人や物、書いてるけど、何を聞けばいい？

何を話せばいい？

はい、分かる人。

読め。

書いてはないけどね、何を言えばいい？何を聞けばいい？

はい、読んでください。先生は、何を考えているか。

これ大事だ。

(黒板に「読む力」と書く) ⑦⓪

文章を読むだけじゃなくて、先生が考えていることを読んだり、相手の気持ちを読んだり、場の空気を読んだり、先を読んだり、読む力、めっちゃ大切です。

はい、私はこう書いたよって言って、言った友達にどんなことを聞けばいいです

	か？ あるいは自分から友達にどんなことを言えばいいですか？ はい、予想。 すごいな、読め。 すごいね、えらいね。 はい、じゃあ、どうぞ。	
子	自分は、友達になんて書いたとか、自分はこう思うけど、あなたはどう思うとかです。	
菊池	なるほどね。 彼女が笑顔になるような大きな拍手をしてあげましょう。 そのとおりですね。 すばらしいな。 素敵な笑顔ですね。 理由とかね、わけとかを、お互い聞いたり、話したりするんだよね。 じゃあ、今度、あっち側に聞かれたくないんだけど、5年生ね。 自由に立って動くでしょ。 全国の5年生の中には、男の子同士とか女の子同士とか、そんなことばかりする5年生がいるんだけど、この学校の5年生は違うよね。 男の子、女の子同士、関係なくやるよね。 大丈夫よね。 自信あるよね。 （子ども、うなずく）	
菊池	…だそうですよ。	

	いい、学級ですね。⑦
	向こう（教室の逆の奥の方）が超聞いて
	るんだけど、君がこう言うじゃない、ぼ
	く、こう思った、こういう理由でって。
	何もリアクションがなかったら、いやだ
	よね。
子	はい。
菊池	「あ、そうだね」とか、「ぼくもそう思っ
	た」とか、「えっ、いっしょだ」とか、「逆
	に、こう思うんだ」とか、そういうリア
	クションがあった方が絶対いいよね。
子	はい。
菊池	５年生、あるよね。
子	はい。
菊池	自信、あるよね。
子	はい。
菊池	聞こえなかったでしょ。
	聞こえた？
	聞こえたか。
	なるほど、めちゃいい学級ですね。
	じゃあ、やってみましょうか？
	先生がやめてくださいって言うまで。
	まだよ、まだよ、あんまり急いでやると
	スピード違反で捕まるかもしれないか
	ら。
	めちゃ、速いねえ。
	速すぎるほど速い彼女にも、大きな拍手
	をしてあげましょう。⑦
	すごいなあ。
	「どういたしまして」、ねえ。

	あなたがちゃんと会釈したから、隣の子も会釈するじゃないですか。 ねえ、二人だけで盛り上がっても…。㉓	
	分かりました。 じゃあ、この二人に大きな拍手をしましょう。 そうしたら、二人がみんなに対して、立ち上がって会釈をします。㉔ 恥ずかしそうに拍手に応えますよ。 はい、大きな拍手。 立ち上がるでしょ、立ち上がるでしょ。 ほらほらほらね。 可愛いですね。 じゃあ、私たちもがんばりましょうか。 「やめてください」って言ったら、やめてくださいね。 いろんな友達がどんなことを書いているか、はい、どうぞ。 （自由な話し合いを始める）	
菊池	（担任の先生に）いい学級ですね。 すごいなあ。 さあ、あと１分間ぐらいにしようかな。 いい学級ですね、いい学級だと思いますよ。㉕ （３分後） はい、じゃあ、終わりましょう。座りましょう。	
	分かった、切り替えが速いのは、先生のここ（口元を指差す）を見ているからだね。㉖	

音を聞くんじゃなくて、口がどう動くかって。

ここ見てるから、ぱっぱって、何を聞いても動くんでしようね。

話し合い上手ですね。

話し合いが上手な教室は、上手な人は、絶対これなんですよ。

（黒板の「えがお」に○をつける）⑦

ね、笑顔。

あなたたち、笑顔ですよ。

はい、じゃあ隣の人にね、「あんたの笑顔可愛いよ」って、一言言ってあげなさい。⑱

はい、どうぞ。

ね、「あんたの笑顔可愛いよ」って。

はい、つぎ、ほらね。

すぐ切り換えて、ここ（口元を指差す）見るでしょ、ここを。

だから、スピードが速いんだ。

それとね、とっても素敵です。

（黒板に「一人をつくらない」と書く）
…学級ですね。

これは、あなたたちも偉いけど、ねえ、一生懸命カメラを回している担任の先生もめちゃ偉いんだ。

ね、分かる？

じゃあ、みんな立て、はい。

はい、担任の先生にスタンディングオベーション。⑲

はい、大きな拍手を。

— 43 —

	（担任の先生に向かってスタンディングオベーション） はい、座りましょう。 だから、素敵なんでしょうね、はっきりしました、本当に感心しました。 はい、ちょっと発表してもらいましょうかね。 はい、じゃあどうしようかな。 じゃあ、この班、立ちましょう。 とっておきの一つを、とっておきの一つを選んで、なぜそう思ったかということを、みんなの方に向かって言ってください。 はい、口火を切りたい人、いますか？⑧ いちばん最初に言いたいっていう人。 えらいね。いちばん最初に言いたい？ うんうん、いや、唇を切るんじゃなくて、最初に言うってこと。 おお、腕上げたなあ、びっくりしちゃった。 レディファーストだよな。 レディファーストです。⑧ おお、大人な彼に大きな拍手をしてあげよう。⑧ おお、やるなあ。 はい、じゃあお待たせしました、 はい、どうぞ。	
子		
子	私を支えているものは、親だと思います。 理由は、親のおかげで、困っていることがあっても解決できたりするからです。	

菊池子	なるほど、すごいなあ。 私は、親もそうだと思いますが、友達もそうだと思います。 理由は、友達とかがいちばん相談しやすかったり、あと、親に言えないこともたくさんあるので、ちょっと他人だけど、親しみのある友達がいちばんいいかな、と思いました。
菊池	あのね、彼女もだけど、あの男の子、これだけしか書いてない、「家族、友達、先生」としか書いてない。 理由全く書いてないんですよ。 それで、あれだけのね、理由が言えるということは、めちゃすごいんですよね。⑧ 自分で大きな拍手していいよ。 それの３倍くらいの大きな拍手してもらいますからね。⑧ 周りの先生からも欲しい？ 欲しいね。 はい、大きな拍手を。 はい、お待たせしました。 相当詳しい説明をする可能性が高い、高いなあ。 でも、予定ってものがあるから考えてやってくれよ。 はい、どうぞ。
子	ぼくも一緒で、保護者が僕たちを支えてくれていると思います。
菊池	あっ、保護者、保護者ね。

子	保護者が支えてくれていると。 根っこになってくれていると。 理由は、僕たちが病気になったときなどに看病してくれるのは親だから、親だと思います。
菊池	ああ、なるほどね。 すごいね、すごいね。
子	僕は、学校が支えるものだと思います。 理由は学校に行ったり、おはようございますって言うときに、みんな笑顔になるから、学校が支えるものだと思います。
菊池	学校が自分を支えてくれていると。 なるほどね、なるほど。 じゃあ、僕だって、みんなから拍手ほしいよな。 ね、大きな拍手を。 これ以外に書いたぞっていう人、手を挙げましょう。 一つでも書いたぞっていう人、手を挙げましょう。 じゃあ、何人かの人に聞いてみましょうね。 こちらの人、どうぞ。
子	私たちを支えてくれているのは、先生だと思います。 理由は、先生がいなければ授業もできなくて、学校にいるときにいつも教えてくれるからです。
菊池	はい、どうぞ。 よく聞いてね。

子	私にとっての根っこみたいなものは、6年間支えてくれるランドセルです。
菊池	ちょっとそこまでね。 はい、じゃあ、なぜ彼女は「ランドセル」と言ったんでしょうか？ いい？得意技を見せてもらおう。読め。⑧⑤

	友達の気持ちを読め。 はい、隣の人と相談しなさい。 あとで言ってもらうからね。 （15秒間、相談）
菊池	はい、じゃあ、やめましょう。 はい、相談した人、手を挙げましょう。 相談した人、手を挙げましょう。 うん、じゃあ、この3人立ちましょう。 レディーファーストいく？
子	うん。
菊池	おお、腕上げたなあ。 大人だね。 仲間だ、大きな拍手してあげよう。 はい、じゃあ、いちばん前の女の子、どうぞ。
子	6年間支えたくれたのはランドセルだから。
菊池	6年間支えたくれたのはランドセル。 よく聞いてましたね、彼女が言った支えてくれているっていうの。⑧⑥

	よく聞いていますね、聞き合える学級ですね。 大きな拍手。

— 47 —

子	はい、ありがとうございました。 じゃあ、うしろの女の子、どうぞ。 ランドセルって言った理由は、ずっと入学したころからランドセルがあって、兄弟とかよりも、ずっとランドセルといっしょに登下校してきたから、ランドセルが大切なのかなあ。
菊池	なるほど。 ずっと、小学校一緒。 なるほど。
子	ランドセルは、6年間ずっと支えてくれている道具なので、言ったんだと思います。
菊池	なるほどね。 はい、じゃあ、お待たせしました。 どうぞ。
子	ランドセルは、人じゃないけど、家族や友達のつぎに私にとって、大切なものです。
菊池	なるほどね。 こう（ランドセルと）言えた、書けた、彼女の、みんなも想像した内側の気持ちが温かいですね、温かいですね。 はい、彼女のここ、ここ（右の肩）だぞ、拍手をぶつけなさい。 すごいですね、すごいですね。 自分を花にしたんですね。 じゃ、根っこはって、みんな書いてくれました。 自分が誰かを支える根っこになること

	は、ありますね。⑧	
	枝になったり、茎になったりすることもありますね。	
	いつも、花じゃないもんね、そうですね。	
	誰かに支えられて、咲いているんですよね。	
	誰かを支えて、咲いてもらっているんでしょうね。	
	あなたたち見ていて、これ、読める人いるかな。	
	（黒板に「利他」と書く）	
菊池	これ、読める人いるか？	
	はい、読める人？	
	あてずっぽうでもいい。	
	（何人かが「りた」とつぶやく）	
菊池	書くぞ。	
	ここよ、いい。	
	この押した字を読むんだぞ。	
子	よそう、うそよ。⑧	
菊池	分かった？	
	よそうは、うそだ。	
	はい、これ、読める人？	
	はい、挑戦してみろ。	
	はい、手が挙がりますね。	
	すごいですね、はい、いちばんうしろの女の子、どうぞ。	
子	分かんないですけど、そのまま読んで「りほか」。	
菊池	いい、「りた」、本当はそう思ってたんだよね。	

子 菊池	そうそう、こういうときは、「うんうん」ってうなずいとったらいい。 そうしたら、みんなが「すごいな」って、拍手してくれますから。 本当はこう思ってたんだよね、そうですね。 でも、なんか違うかなって。 …と思ってたけど、本当はそう思っていたんだよね。⑧⑨ かもね、かもね。 はい、大きな拍手。 すごいなあ。	
子 菊池	これの反対の言葉知ってるか？ たり はははははは！ めっちゃいい。 めっちゃいいなあ、今の。 めっちゃいいから、皆この辺で（頭の上で）拍手してあげよう。 はい、めっちゃいいなあ。 （黒板に「利己」と書く） はい、読める人？ はい、予想して。 手を挙げて。⑨⓪	
子 菊池	はい、いちばん後ろの男の子、どうぞ。 りこ？ こっち（利己）は、自分中心。 利己主義とか言います。 自己中だ。 あなたたちは…	

— 50 —

子 菊池	他己中、他己中。 …これをもってますね。 はい、迫力姿勢してください。 発表できなかったけど、地球とか、多くの人たちって書いている人がいました。 何年か前の大変な経験で、自分だけじゃだめなんだ、協力しないといけないって、その感謝の気持ちを体験をとおして、あなたたちは大事にしているんでしょうね。 だから人に感謝して、思いやりをもって接することができているんでしょうね。 授業の前に校長先生もそういったことをおっしゃっておられました。 実際にあなたたちに出会って、本当にこの気持ちをもって、多くの人に感謝しながら生きているんだな、っていうことがよく分かりました。 とても楽しかったです。 45分間、ありがとうございました。 時間が来たのでこれで終わります。 とても楽しかったです。 また、がんばってください。 はい、終わりましょう。 はい、礼。 ありがとうございました。	

 ② コミュニケーション術100

1 最初に拍手という動きを指示してそのスピードをほめる

ねらい ほめるためにある動きをさせる。
教育観 コミュニケーションの量を絶対的に増やさなければアクティブ・ラーナーにはなれない。

　「拍手」は、コミュニケーションがあふれる授業の中で欠かすことのできない動作です。管理職が「授業中の拍手は時間の無駄だ」と、「拍手禁止令」を出している学校があるという話を聞いたことがあります。拍手の目的と意義を理解されていないのだなと、とても悲しい気持ちになりました。友達の行為や意見を、拍手によって承認し称賛するのです。
　拍手の基本は、「強く」「短く」「元気よく」です。最初は、スピードや大きさが、たとえ十分ではなくても、ほめることによって、拍手を学びの中の子ども同士をつなぐツールとして定着させていきます。それは、いつしかスタンディングオベーションにつながっていきます。

— 52 —

2　黒板５分の１のスペースに、その時間に大切にしたい価値語を書く

> **ねらい**　子どもたちの動きを予想して、示す価値語を決めておく。
>
> **教育観**　価値ある考え方や行動＝考え続ける人間には必要である。

　私は、子どもたちから見た黒板の左側の５分の１程度のスペースを、学習規律や生活規律などの基本となる「価値語」を書き留めるスペースとして使っています。

　例えば、「切り替えスピード」という価値語を書き、少なくともその日一日は、消さないでそのままにしておきます。その価値語を十分に体現している子どもがいたらすぐにほめ、価値語の横に名前を書いてはなまるをつけてあげます。そうすることで子どもたちは、言葉の生きた意味を理解するとともに、名前を書かれた友達を敬い、自分もそのようにしようと努力するようになるのです。

3 子どもたちが集中して黒板を見ていたら、板書した言葉は読まない

ねらい 教師の行為に注目させて、無駄な時間を削る。

教育観 考え続けるために集中力は必要である。

　学習に臨む姿勢の中で最も身に付けてほしい力は、学びに対する集中力です。「集中しなさい」と声を上げても、集中力は高まりません。

　「…が、めちゃくちゃ速いですね」と教師が話したとき、別の方を見ていた子どもは意味が分かりません。授業の間、全集中力を傾けて教師の話を聞き、動作を見つめ、友達の発言に傾聴できる子どもを育てる方法の一つとして、私は、黒板に書いた言葉を省略して話すのです。意味をつかめなかった子どもをフォローする意味も込めて繰り返して説明するなどの配慮はしますが、教師の話し方に気付いた子どもたちは、教師の動きを見逃さないようにと、学びに入り込むようになります。

4 全員を相手に話していることを伝える体の向き、目線、指先を意識する

ねらい 行動させる→ほめる→価値語を示す→全員に伝える。
【緊張感・スピード感・期待感】

教育観 一人も見捨てないという覚悟のあらわれ。その自覚を示し、子どもたちにも伝える。

▼菊池学級でつくられたポスター

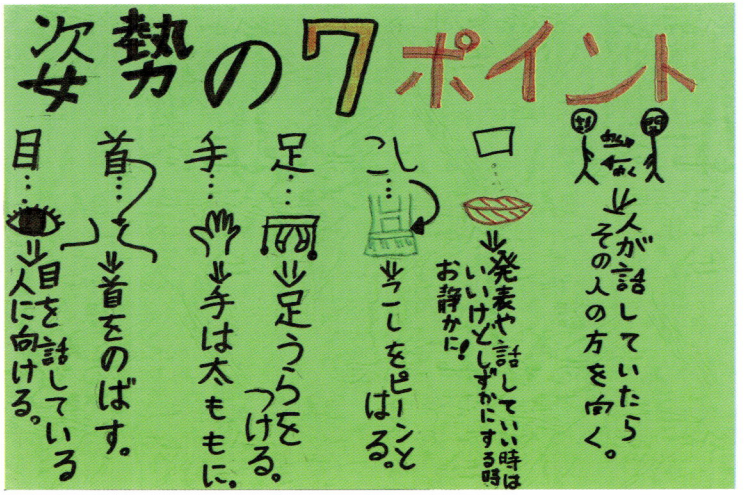

　一斉授業は、話し合いの授業に比べ、子ども同士の関係が希薄です。話し合いを中心とした白熱する教室をつくっていく土台は、子ども同士の横の関係です。それも、お互いを尊敬し合える高次の横のつながりが必要です。「隣の人と話し合いをしましょう」と呼びかけたところで、信頼関係のない中での話し合いの授業は成立しません。

　教室での発言を友達が体全体で聞いてくれる、友達の発言を全力で聞くという相互の関係が、温かい教室と信頼の人間関係をつくっていくのです。学びに対する姿勢は、発言するときの体の向き、目線、そして指先にまで表れることを意識させる必要があります。

— 55 —

学級全体をほめることで一体感を出させる

> **例** 「切り替えスピード」……仮に遅い子がいてもほめる。最終的に1時間の中で速くなればいいと考えている。
>
> **教育観** 集団として全員参加の学びをすることが教室の学習である。

　学びは一人でするのではなく学級全体でするという、集団的な学びの意識を、日々伝えていきたいと思っています。そのために初期の段階では、学級全体をほめるということが大切です。

　孤立した学びの向こうには「競争」があります。とある中学校の先生が「高校受験は団体戦だ」とおっしゃっていたことを印象的に覚えています。皆で励まし合って学ぶことに、学校・学級の意義があるはずです。

　一つの価値語を示しながら、たとえまだ未達成な状況であったとしても「すばらしい」と全体をほめ、「一人も見捨てない」という教師の思いを学級の文化として根付かせ、学級の価値を高めていきたいものです。

6 「読める人？」
待たないで「速い」と価値語とつないでほめる

> **ねらい** スピードを上げさせることで積極的に初期の段階できちんとさせる。
>
> **教育観** 前向きに学ぼうとする意欲と態度を育てる。

　教室では、スピードを意識しましょう。学びの重要な要素に「スピード」があります。スピードを意識した学びの中に確実な成長があることを、私は体験的に感じてきました。スピードを意識させることによって、学びの積極性を子どもたちの中に育んでいきます。スピードを意識させるために、待たないで、「速い！」とほめることがその第一歩です。

　単に遅いということとは違う「じっくり考える」という学びの姿勢も、スピードを意識した訓練の中で本物になっていくように思います。

　「着手スピード」とか、「切り替えスピード」といった、スピードに関する価値語が多く生まれてきたのも、そんなことを背景にしています。

スキンシップをしながら挙手の仕方の指導

> **ねらい** 正しい挙手の仕方の共通の基準を示す。
> **教育観** 正しい挙手の指先の力強さに学ぼう、学び合おうという強い気持ちを込めるべきである。

　私の授業をご覧になられた方から、「菊池先生は、子どもとスキンシップをよくしますね」と言われることがあります。スキンシップは、大事な非言語表現の一つであり、私が大切にしているコミュニケーション術の一つでもあります。

　挙手は子どもの学びの積極的な意思表示ですから、初期の段階できちんと指導する必要があります。ただ、ここで指導したい内容は「天井を突き刺すように力強く指先を真っすぐ伸ばす」ということだけです。直接触れあうことで、学び合おうという教師の気持ちを伝えようとしているのです。指の本数で意思表示をするような技術は枝葉だと考えます。

8 正しい挙手の仕方を示して、「ビデオの巻き戻し」をする

> **ねらい** 成功体験を与える。
> **教育観** 失敗することはないという安心感を与える。
> 知らないのであればきちんと教える。

　失敗が許される教室と、失敗が許されない教室の違いはなんでしょうか？友達の間違いを笑ったり、冷やかしたり…。日々の学びは、それ自体は到達点ではなく、人格の形成という大きな目標に向かう積み重ねの過程であることを子どもたちに理解させているかどうかが大切だと思っています。コーチングの第一人者である本間正人先生は「失敗ではなく、未成功と呼ぼう」と言われました。

　子どもたちに「失敗はすぐに取り戻すことができる」という安心感を与えるために、ときには「巻き戻し」の術を使って、失敗を楽しく克服し、成功体験を積ませてあげたいものです。

9 子どもたちの私的な言葉を意図的に使う

> **例** めちゃくちゃ、めっちゃ、なんぼでも……。
> **教育観** M・F・CのCも意識して楽しさを出す。

　教師の指導の中には、母性（Mother）、父性（Father）、子どもらしさ（Child）の３つの要素が必要です。教室の状況や時期を見極め、３つのバランスを考えて、指導をしていきます。

　その中で、教師自身が子どもらしさを出して、子どもたちと同じ目線で共感することも大切です。子どもたちが普段使っている言葉に耳を傾けて、自分の中にストックしておきましょう。それらの言葉を、授業の中で適切に使うことができると、子どもたちと教師の距離は一挙に縮まります。楽しさだけでは大きな成長にはつながっていきませんから、３つのバランスが重要なのは言うまでもありません。

10 スキンシップで挙手の指導をした子どもとは 違う子どもをあえて指名する

> **ねらい** 「すかす」ことで笑いを生む。
>
> **教育観** 真剣な中にも楽しい笑いのある学びが望ましい。

　授業に「笑い」は必要不可欠です。「笑い」は、授業の潤滑油です。緊張した空気を解きほぐし、動きのある教室をつくり出していきます。

　私は、大阪に行った折には、時間を見つけては、なんばグランド花月に足を運び、吉本新喜劇を観ます。舞台で繰り広げられる一流の笑いの中に、教室で応用できる「笑い」や「間（ま）」のお手本がたくさん散りばめられているからです。

　真剣な学びは、学習することは楽しいという思いの上に築かれるものです。教師が教室を明るく笑いのあふれた空間にすることで、知的なユーモアあふれる子どもたちが育っていきます。

11 正対し合う具体的な体の動きをほめる

ねらい 発言者の方に体を向けた子どもの動き〜足、目、顔など〜を「やさしさ」「学び合う」学級であると価値付けてほめる。

教育観 教師の動きを目で追わせるように話しながら、両手で誘うように動きながら、学び合う聞き方を指導する。

　学習の基本は「聞く」ことです。したがって、「聞く力」を育てることが重要です。「聞く力」が育っていないと、学習の効果はほとんどないと言ってもよいでしょう。しかしながら、多くの教室での指導は、「しつけ」のレベルで終わっています。「聞く」ことの指導が不十分です。

　「姿勢よくしなさい」というしつけのレベルや、「よく聞きましょう」という指示だけに終わっているのです。

　発言する子に正対した体の動きをモデルとしてほめることによって、具体的に「学び合う学級」の姿を価値付けてほめることによって、能動的、積極的に聞くことができる子どもを育てていきましょう。

— 62 —

12 正解が出ることを確認している場合は「拍手の用意」をさせておく

ねらい 認め合い、ほめ合い、学び合う雰囲気をつくる。
教育観 プラスの雰囲気を全員でつくる。

　教室の空気は、教師がつくり出していくものです。とは言っても、教師一人でできるものではありません。プラスの空気を子どもたちと一緒につくっていくという心構えが大切です。そのときに有効なのが［1］に書きましたが、「拍手」をクラス全体でして、プラスのストロークへとしていくことです。

　拍手をすることに慣れていない段階では「はい、拍手！」と促すことが多いのですが、正解が出ることを確認しているようなときには、「はい、拍手の準備を」と声をかけることで、集中して友達の発言を聞き、即座に判断をして、拍手をすることができるようになっていきます。

13 ほめる行為を「言葉＋拍手＋握手」で

> **ねらい** 常に「プラス1」でほめる。
> **教育観** 小さな行為にも大きな価値があるという考えを教師がもっていることを伝える。

「ほめる」ということは、言葉によって行うだけではありません。授業の中では、教師の積極的なアクションによって、場合によっては大げさに見えるほどに、体全体でほめてあげたいものです。

拍手は、身体を使ってほめる重要な方法ですが、私は、握手をするということも日常的に行っています。握手は、子どもたちにはあまりなじみがありませんから、握手を求められると最初はちょっと戸惑った顔をします。でも、その後、とても嬉しそうな顔をすることも事実です。自分の意見や行動が認められたことを素直に喜んでいるのです。その様子を見た子どもたちも、自分も握手ができる関係に高めていこうとします。

14 教師の動きに緩急をつける

> **例** ジャンプしながら戻る、足早に戻る、ゆっくりと動きながら問いかけるなど。
>
> **教育観** 動きに変化をもたせることで、教師の喜びやうれしさといった心模様を感じさせたり（→これも「ほめる」ということでもある）、考えてほしいことを伝えたりする。

　私の目指す授業と、従来の一斉指導型の授業との違いの一つに、教師自身の教室の中での動きがあります。以前、私の1時間の授業を見られた先生が、撮影した動画を見ながら、教室の平面図に私の動きの軌跡を記録されたことがありました。教室の中をぐるぐると動き回るとともに、ときに速く、ときにゆっくりと、緩急をつけながら移動していることが分かりました（私自身は、そんなに意識していなかったのですが）。

　また、私の授業記録を見られた先生が、「なんであの瞬間に菊池先生はジャンプをしたのですか？」と聞かれ、自分自身で驚いたことがありました。体全体で喜びの気持ちを子どもたちに伝えたのでしょう。

15 望ましい行動をさせるために、前もってその在り方を示しておいて取り組ませる

ねらい 「相談しましょう」で「切り替えスピード」速くできるのでしょうね。

教育観 ほめるために前もって示す。ほめるために行動させるポイント。

　教師が子どもたちに「目指す姿」を事前に示すことは、長期的にも短期的にも、大切なことです。目標のないところに成長はありません。1年間の見通しをもって目指す姿を示すことは、一般的に行われていると思います。1時間の授業の中ではどうでしょうか。1時間のめあてを示して授業を進めることも一般的かと思います。

　学習規律的な内容ではどうでしょう。掲示物で「○○しよう」とスローガンとして呼びかけるのではなく、「『相談しましょう』って言ったら、めっちゃ速い切り替えスピードで、相談をするんでしょうね」とあらかじめ示すことで、「素早く相談を始める」ことを促すのです。

— 66 —

16 行動前に「価値語」を示して、その行動を促す

ねらい 「あなたたちの得意技」「切り替えスピード」……「速い」
教育観 誰とでも相談できる、口を開くことができることが、話し合い学習のスタート

　前の［15］と関連した内容です。「話し合いの学習」の土台づくりを、具体的な価値語を示すことによって、確実に進めていきます。

　「得意技」という言葉を聞いたとき、子どもたちは「ぼくたちの得意技って何だろう？」と考えます。そして、それが「切り替えスピード」だと示されたときに、得意だったかどうかは別にして、得意と言えるレベルにスピードアップしようと努力をするのです。そして、教師は、その様子を「速い！」とほめることで、「切り替えスピード」を確実に速くしていくのです。何回か繰り返すと、子どもたちの「切り替えスピード」は、格段に向上します。

17 短い時間で相談させることを多用する

> **ねらい** スピード感を出させる。
> **教育観** 白熱する双方向のコミュニケーションのポイントはスピードである。

「切り替え」スピードとともに、話し合いそのもののスピードを上げていくことも大切です。話し合いのスピードを上げる方法として効果的なことは、話し合いの時間を短く設定することがポイントです。

「5秒間、相談しなさい」と言うと、子どもたちは「えっ、たった5秒？」という表情をしつつ、すぐに話し合いを始めます。話し合わないで終わってしまうと思うからです。意見を出さないでぼーっとした時間を過ごしてしまう子どもがいることを心配される先生がいらっしゃいますが、話し合いにスピード感をもたせることで、子どもたちの動きは大きく変化します。コミュニケーションのポイントは、スピードです。

18 ある子との対話を小声で行い、全員に聞かせる

ねらい 全員に聞かせるために、あえて小声の対談を行う。

教育観 全員に伝える時は教卓のところから、という概念にはとらわれない。場の空気を変化をもたせることでつくっていく。

　体の動きの変化とともに、声の大小で変化をつけることも技術の一つです。特定の子と二人きりで小さな声で秘密の話をしているように見せて、周りの子どもたちの注目をより集めるように仕かけるのです。周りに聞こえなかったらもちろん意味はありませんので、どの程度の大きさの声で話すかは、ある程度の練習と経験が必要です。

　個を通して全体と関わる、一斉に全体と関わる、この二つの方法を意識して使い分けたいものです。教師の立ち位置を教卓に固定する必要はありません。教師が教卓を離れることができず、子どもたちの中に入っていけなくなっている状況は、学級崩壊の前兆です。

19 身近なネタで子どもたちの興味を引き、楽しさを演出する

ねらい くりぃむしちゅーさんのネタで教師と学級と望ましい行為とをつなぐ。

教育観 身近な話題から子どもたちの気付かない情報をさりげなく教える。価値の拡大を図る。

　子どもたちは、自分たちの好きなテレビ番組などの身近なネタに教師が触れると、とても喜びます。さらに、自分たちの知らないことを教えてくれるとさらに喜びます。そのために、教師は様々な知識を吸収し、それらを価値付けして、子どもたちの価値の拡大を図っていきたいものです。

　日頃から教室の学びと関連させたネタを持ち合わせておくことが大切になります。あくまでも目的は、価値の拡大を図っていくことですから、ネタ至上主義にならないよう、育てたい子ども像や伝えたい価値を教師が明確にもっていることが重要です。

— 70 —

20 正対し合う行為を教師の体や指の動きで示す

> **ねらい** 見る＝聞くということを教える。
> **教育観** 聞き合えるということは見合えることであり、全身を使うことである。

　コミュニケーションとは、自分と相手が正対し合うことです。そして、コミュニケーションは、言葉、目、耳、体全体を使って行うものです。相手の目を見ながら話すことができなかったり、体を相手に向けないで聞いていたりすることをそのままにしてはいけません。正対することは、相手を全力で受け止めることであり、相手に対する尊敬を具体的に体で示していることだということをきちんと指導しましょう。

　そのうえで、正対することが当たり前のクラスへと育てていきましょう。菊池学級では、正対できていない子がいると、どこからか、誰かが「正対しましょう」と声を出していました。

21 「相談しましょう」のあとは複数の子どもを指名する

> **ねらい** 「相談しましょう」は「話し合いましょう」とは違う。
> **教育観** 同じ答えにはならない＝納得解を求めていることを理解させる。

「話し合い」の活動の中では、あまりに一般的に、「話し合いましょう」という指示が行われていると思います。多くの場合、それはあまり自覚的になされているとも思えないのが、正直な私の感想です。

「話し合いましょう」という指示のあとには、「話し合った結果の正解を答える」場面が待っているはずです。私は、「相談しましょう」と言ったあと、「相談した人」と聞きます。話し合った結果の「正解」を聞くのではなく、発言するハードルを低くしているのです。何よりも子どもたちに、相談し合うことの大切さと楽しさを実感してもらいたいからです。

— 72 —

子どもの発言の最初の読点で大きくうなずき、相槌を打つ

> **例** 子ども「あのぉ、……」の読点で「うん！」と力強くうなずき相槌を打つ。
>
> **教育観** 本人に自信をもたせ、話の次を促す。全員に話の聞き方のモデルを示し、「先生は聞いていますよ」という安心感を与える。

▼「コミュニケーション大事典」の「うなずき力」のページ

　教師と子どもの間の信頼関係をどのように築いていくかは、白熱する教室をつくっていくうえで欠かせない第一歩です。子どもの発言に対して、ある意味過剰に反応して、「聞いているよ」という安心感をいだかせることはとても大切です。

　平成17年度に北九州市立香月小学校の34名の６年生と共につくった「コミュニケーション大事典」（あらき書店刊、復刻版・中村堂刊）の中で、青木彩香さんは「うなずき力」について調べ、「うなずくというのは、『あなたの話を聞いているよ』という意思表示」とまとめてくれました。「聞いているよ」という温かいメッセージを送りましょう。

— 73 —

23 子どもから離れて聞く

> **ねらい** 全員に話しているという自覚を育て体験させる。
> **教育観** 全員で学んでいる責任をもたせる。

「子どもの発言をどんな立ち位置で教師が聞くのか」というのは、コミュニケーション術の中でも重要なものの一つです。教卓にしがみついてずっと動かないというのは論外です。ときに応じて、発言する子どものすぐ近くで聞いたり、近づいて行きながら発言が始まったら離れたりと、様々なアクションが考えられます。

その中で、学びは、教師と子どもの一対一の関係でするのではなく、学級全体でするのだということを伝える段階では、発言をクラスの全員に向かってするという自覚をもたせるためにも、教師は発言する子どもと距離をとり、全員に向かって話させるように仕向けていきましょう。

24 プラスの小さな行為をほめて全員が行うようにする

> **例** 拍手をした子どもたち全員に対して「えらいなあ」とほめる。
> **教育観** 学び合うために必要な子ども同士のつながりに、拍手、正対などの反応を大事にする。

▼菊池学級の子どもによる板書

　教室の中に起こった小さなプラスの変化をほめることで、それを突破口として、学級全体に広げていきます。最初はできていなくても、まずほめるところから始めます。ほめる中で、できる子が出てきます。それをほめることで、少しずつ全体のものにしていくのです。

　学び合いの土台には、子ども同士のつながりが必要です。信頼関係がない友達と意見の交流はできません。やったとしても、うわべだけの形式的なものになってしまい、白熱させることはできません。全員参加を促す人間関係づくりが重要です。そのために、拍手や相手に正対するという基本の反応を大切にするのです。

— 75 —

25 小さな挑戦をさせる

> **例**　「ヒントほしい？」「ほしければ『迫力ある姿勢して』」
> **教育観**　挑発することもほめると同じ効果がある。

　統率的な一斉指導に慣れてしまった子どもたちは、教師の指示を待っています。自ら動こうとしないのです。自ら動かない子どもたちに「アクティブ・ラーニング」をさせようとしてもできるはずがありません。

　私は、授業の中でしばしば子どもを挑発します。挑発することは、ほめることと同じ効果がありますし、本人の学ぶ意欲の後押しをしてあげることにもなります。そして、学び自体を主体的なものに転換していきます。学ぶことの面白さを実感した子どもたちは、自ら挑戦するようになります。教師はその意欲に応えて新しい挑戦の場を用意してあげるのです。学びのスタイルを180度転換させていきましょう。

26 子どもたちの回答を否定しないで、クイズ形式にして再度考えさせる

> **例** 穴埋め形式で問う　○○　、選択肢方式もあるだろう。
> **教育観** 子どもたちの意識が続き、やる気が生まれるような問いかけをする。

　子どもたちは、クイズやなぞなぞなどが大好きです。難しい問いかけに対し、十分に答えられていないと感じたときには、出された意見を否定はしないで、解答形式を変えて、少しハードルを低くしてみましょう。穴埋め式にしたり、選択肢を設定したりする方法が考えられます。

　それまで頑張ってきた子どもたちに、最後までやりきる達成感を味わわせることを、学びの姿勢の問題として大切にしましょう。途中ではしごを外すようなやり方だけはしないで、子どもたちの学びの意欲を継続させ、さらなるやる気を生み出すような工夫を教師はする必要があるのではないでしょうか。考え続ける人間を育てようとしているのですから。

— 77 —

27 話すスピードに緩急をつけて、ピリッとした空気をつくる

例 分かる人？　と強く素早く問い、パッと手が挙がるようにする。
教育観 全員が集中する一体感ある体験をさせる。「出席者」をつくらない。

　教師の話し方に変化がなく、スピードも一定の場合、子どもたちの集中力は、時間の経過とともに低下します。「話を集中して聞きなさい」という指導は意味がありません。集中して聞くことができない話を教師自身がしていることを反省し、「自己内責任」の立場で、子どもを引き付ける話し方を工夫する必要があります。

　素早く話したり、ゆっくり話したりする。大きな声で話したり、小さな声で話したりする。全員に向けて話したり、一人と話したりする。子どもが、思わず聞いてみようと前のめりになる、そんな話し方を心がけましょう。

28 拍手のさせ方を工夫する

> **例** 「私だって拍手ほしいよね」
> **教育観** 一人の子と全体をつなぐことを常に意識する。

拍手が教室の中にあふれるようになってきたら、教師は冷静に、全ての子どもにその拍手は贈られているかをチェックする必要があります。クラスのみんなが拍手でほめ合えるようになると、子ども同士の横のつながりが少しずつ強くなっていきます。お互いの発言や行動をほめ合い、たたえ合うことによって、信頼関係ができてくるのです。

教師は、そのコントロールセンターとして、一人も漏らすことのないように拍手をされる場面をつくるようにしなくてはいけません。教師は、一人の子と全体をつなぐことを常に意識しながら、白熱する教室の土台をつくっていきましょう。

教師が自己開示をして「I（アイ）メッセージ」を伝える

> **例**　「（先生は）とても大事にされている気がしてとてもうれしかったです」
>
> **教育観**　教師の方からも子どもたちに近づくことで、子どもと教師の関係を築く。

　メッセージの主体が「私」となるメッセージを「Iメッセージ」と言います。自分の言うことに責任をもったメッセージで、受け取った相手は、達成感や充実感を強く感じるものです。

　教師と子どもの関係づくりでは、教師が積極的に自己開示をして、子どもたちにアプローチしていく必要があります。大人も子どもも、相手のことがよく分からない関係の中で、豊かなコミュニケーションが成立するはずもありません。教師の素直な言葉は、子どもにすっと入っていきます。「先生も大事にされるとうれしいんだ。私と同じだ」との思いは、友達同士の関係づくりの基本にもなっていくことでしょう。

30 「2度ほめ」をする

> **例** 「彼女にもう一度大きな拍手を」
>
> **教育観** ほめる→価値付ける→ほめるというほめ方にも工夫をする。

▼「ほめ達！Of The Year 2015」の盾と賞状

　同じことを何回もほめます。私は、「叱るときは1回、ほめるときは3回」と決めていた時期がありました。子どもは、しつこく何度も叱られるのは嫌がります。逆に、ほめられることに関しては、何回ほめられても喜びます。

　そして、ほめる場合には「どういう行為が価値あるものとして認められているのか」を、具体的に伝えることが大切です。私は、「ほめ達！Of The Year 2015」の文化・教育部門グランプリをいただきましたが、「日本ほめる達人協会」では、「ほめるとは、価値を発見して伝えること」と定義されています。私も同感です。

31 質よりも量を求める指示を行う

> **例** 「たくさん出してね」
>
> **教育観** 最初から質は問わない。まず、量を求める。それによって全員で学ぶという体験ができる。

　話し合いによる学習のよさは、一人で考えていても知ることのできない多様な考え方や価値に出会えることにあります。そのことを知るためには、まず量的な拡大を目指します。３個ずつ意見を出した二人が話し合うことで、３＋３＝６よりも、もっと多くの意見を出し合うことができるのです。ほかの意見に触発されて新しい考えが思い浮かぶという体験をさせることで、話し合いの楽しさと意義を実感するはずです。

　そのためにも、初期の段階では何でもいいから出す、恥ずかしがらずに出す、たくさん出すことに価値がある、ということを子どもたちに伝えていきましょう。

32 繰り返すことによって学ぶ力を強化する

> **例** 「切り替えスピード」「相談しましょう」
> **教育観** 子どもたちのスピード＝頭の回転の速さはもっと上がると考え
> ている。一斉指導の弊害で遅くなっている。遅いことに慣れて
> しまっている。

　一斉指導では、全体を横並びに均一にしようという価値観が支配して
います。スピードに関して言えば、遅い子に合わせることになってしま
い、結果的にスピード感の乏しい授業になってしまう傾向にあるのでは
ないでしょうか。

　私は、白熱する教室の授業は、生き生きとテンポよく進められるもの
でありたいと思っています。したがって、子どもたちには日常的にスピ
ード意識をもたせような声かけを何度も何度も繰り返ししています。

　また、話し合いの時間も子どもが考える以上に短く設定して、集中し
て考えさせるようにしています。心地よい緊張感のある授業になります。

「相談しましょう」は、納得解であり不正解がなく「答え」も多いので、全員が参加できる

> | 例 | 「相談しましょう」
> | 教育観 | 「相談した人？」で手を挙げ、答えられた、みんな違うという体験を積み重ねさせる。

　「相談しましょう」という問いかけは、「相談した人？」という問いかけにつながります。「相談すること」が指示ですから、「相談した内容」を答えればそれでよいのです。

　したがって、納得解であり不正解がありません。相談したすべての子どもから相談した様々な内容が出されることで、一人で学ぶのとは違う、学びの多様性を子どもたちは体験することになります。様々な考え方に出会うことができる体験は、皆と学ぶことの喜びを子どもたち一人ひとりに感じさせながら、その後、話し合いの授業を大きく展開していく第一歩になります。

34 しっかり手を挙げている子のやる気にジャンプして応える

> **例** 「ジャンプしている。授業中、ジャンプするぐらいにやる気を出す」
>
> **教育観** 子どもの頑張りを言葉だけではなく、教師の「立体的」な動きによって認め、授業により勢いを出す。

　[14] でも触れましたが、子どもたちの体や意識が硬直している教室では、教師がジャンプするくらいのアクションが必要だと思っています。

　一斉指導型の授業では、子どもたちはきちんとした姿勢で静かに教師の話を聞くことが求められます。ほかの子どもたちとの価値観の交流が少ないので、考え方自体が固まってしまっています。

　白熱する話し合いができる教室をつくっていくために、体をほぐし、心をほぐしていくことが必要です。そんなとき、先生も全力で頑張っているよ、体もこんなに動かしているよというアピールをジャンプという形で自然にするようになりました。子どもたちの心に弾みがつきます。

35 指示する前に行動している子どもをほめる

| 例 | 「まだ次があるよという人は手を挙げているでしょ」 |
| 教育観 | 責任ある積極性をほめ、自分たちで授業を進めていく構えを育てる。 |

▼本間正人先生との対談

授業の流れが分かってくると、指示する前に期待どおりの動きをする子どもが現れてきます。それが、責任ある積極性だと感じられた場合には、取り上げて学級全体の中でほめます。そうすることで、学びは与えられるものではなく、自分たちで進めていくものだという学習観の転換へと進歩していきます。

コーチングの第一人者である本間正人先生は、「学習学」という「学習者自らが目標と実現アプローチを設定して行動する学びのスタイル」を提唱されています。私も、知識の習得を中心とした従来型の教育を転換していくことを目指しています。

36 挙手している子どもを全員立たせる

例 「今、手を挙げている人、立ちましょう」

教育観 指名の仕方に変化をもたせる。挙手指名、ペア、列（班）、挙手全員、…から、自由起立発表へとつないでいく。

　授業に変化をつける方法の一つに指名の仕方があります。いつも一人ずつ指名されている教室では、全員が一度に指名される（起立することを求められる）だけでも、子どもたちは驚きます。

　活発な話し合いが自主的にできる教室では、自由起立発表がごく自然に流れるように行われていきます。これは、教室の子ども同士の関係が強くなって、学び合うこと、競い合うこと、牽制し合うことが、当たり前になったからです。挙手指名からペアの話し合いへ、そして、列や班の話し合いに、さらに、挙手した全員の発言とつなげ、自由起立発言へと進化させていきましょう。

37 指名するときは、その子どもの近くに行き 片手を差し出す

例 近づいていき、名前を言うだけではなく、「どうぞ」と片手を 差し出す。

教育観 特別感を出すことで、必ず言わなければならない状態になる。 「君は、発言できる。大丈夫です。君の意見を聞きたい」とい った気持ちを伝える儀式的な指名の仕方。

　教師と子どもの距離感こそが、その教室の状況を端的に表していると 思っています。教師が子どもたちの空間にずんずんと入っていける状態 が健全な教室空間と言えるでしょう。

　教師が子どもたちの中に入って行かず（入って行けず）、教卓から指 示をしたり、指名したりしている様子は、崩壊の前触れだと言っても過 言ではないでしょう。教師と子どもの関係を強いものにしていくための 特別感を演出するようなコミュニケーション術は、今後、ますます重要 になってくると思っています。特定の子への儀式的なアクションは、そ れを見ているほかの子どもたちへの刺激にもなるのです。

— 88 —

38 ユニークな意見を言った子どもを取り上げる

例 「めしべ」と発言した子に近づく。

教育観 ユニークな発言にその子の個性が出ていると判断する。一斉指導的な思考ではない。

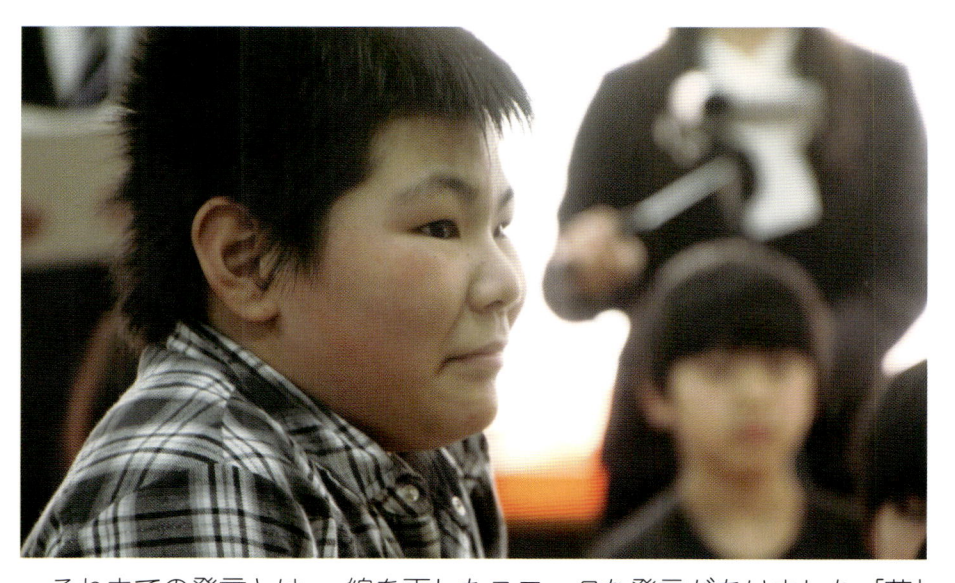

　それまでの発言とは、一線を画したユニークな発言がありました。「花」や「葉」という答えに続いて出された、「めしべ」という発言です。植物や理科が好きな子だったのだろうと思います。細部まで目の行き渡った、個性の発揮された発言でした。

　こうした発言をスルーしてはいけません。一斉指導的な授業観では、正解ではないかもしれません。主体的な学びをもとめる話し合いの授業では、話し合いの幅を広げる可能性をもっています。そして、「こうした発言をしても大丈夫なんだ。先生は受け止めてくれるんだ」という安心感が、未来の白熱する話し合いのできる教室につながっていくのです。

39 友達の意見に触発されたつぶやきを
クラスの価値としてとらえる

> **例** 「『めしべ』って彼が言ってくれたから『おしべ』って出てきたんでしょ。聞き合ういいクラスなんですね」
>
> **教育観** リアクションが自然に出てくる学びが白熱した教室の特長である。

　ユニークな発言があると、それに触発されて関連した意見がつぶやきのように出てくることがあります。そうしたつぶやきは、大切に拾い上げたいものです。友達の意見をよく聞いて、自分の中に取り入れて、新しい意見を考え出したからです。一人での学びには限界があること、友達の意見と交流すると学びが豊かになり、深まっていくことを自然に体得していくことになります。

　白熱する教室は、学びの中に現れた子どもたちの「つなぐ」姿勢を、教師が見逃さずにほめ、価値付けることによってつくられていくものです。「つなぐ」ことが、教師の大事な役割だと言えます。

40 子どもたちの学びのよさを抽象的な言葉で価値付け、授業のねらいとつなげる

例 「そういうのを『思いやり』（板書）というのでしょうね」

教育観 道徳の時間であったから本時のねらいと合致するように抽象度を上げて価値付けた。
子どもの意見を1時間の構成の中のどこかとつないで位置付け、間違いはないことを示すべきである。

　教師が「価値付け」をするということは、子どもの中の価値を発見するという営みです。教師が、子どもたち一人ひとりの中にある成長の可能性を信じ、「絶対にこの子は、自分なんかより立派な人間に成長する」という尊敬の思いをもち続けることで、子どもたちは立派に成長していくのです。

　教師の役割の一つに、「つなぐ」という作業があるように思います。子どもの中から見つけ出した価値を、その日の授業のねらいとつないでいく。あるいは、逆に、授業のねらいにつなげられる価値を子どもたちの中から見出し、つないでいくのです。

**41** 子どもから出ないことは、教師が示す

> **例** 幹という部分を板書する。
> **教育観** 子どもから無理に引き出そうとしない。教師が示して一緒に学んでいることを子どもたちに示すことも大切。

　自身が「予定していた答え」が、なかなか子どもたちから出てこないため、教師が焦ってしまう場面をときどき目にします。無理やり出させようとして、誘導的な問いかけを続ける場面もあります。

　私はそのような場合には、教師が答えを示せばよいと考えています。教師は発問者、子どもは回答者というのは、一斉指導にこだわった構図です。教師も学びの中の一員であり、一緒に学ぶ一人であることを子どもたちに示すことも大切だと考えているのです。

　そうした教師の行為は、子どもたちに自由な発言の場としての教室を実感させるのに有効です。

42 「相談しましょう」の言葉を ユーモアのある言葉に変える

> **例** 「『あんた、あれも読めんのか！』と言って隣の人に聞いてごらん」
>
> **教育観** 多くの場合は、多くの子が分かる内容である。分からない子に対してユーモアで安心感を与える。

　私は1時間の授業の中で何度、「相談しましょう」と呼びかけているのでしょうか？そうした呼びかけに慣れてきた段階では、変化をつけることと、意見をもてないでいる子にユーモアで安心感を与えることを目的として、私は、「『あんた、あれも読めんのか！』と言って隣の人に聞いてごらん」というような呼びかけをときどきします。

　元気のいい男の子が、実際に芝居がかった口調で「あんた、あれも読めんのか！」と言い始めます。教室が温かい空気に包まれてきます。同じことの繰り返しは、学びを退屈なものにしてしまうことをよく理解して、変化のある授業を心がけましょう。

43 アクシデントを指導の場にする

> **例** ノートが配られてなく、その時に配布するようになった。
> **教育観** 自分から配ろうとする子、「どうぞ」「ありがとう」と言葉を交わすきっかけとするなど、共同的な学びの積極的な望ましい行為を教える場とする。

「ピンチは成長のチャンス」、「非日常は成長のチャンス」、そして、「アクシデントは成長のチャンス」です。アクシデントに対し、解決のために積極的に動き始める子がいたら、最大限にほめましょう。その、ほめ言葉に反応して、周りの子どもたちも動き始めます。教室の中にアクシデントの前とは違う、温かな空気が流れ始めることでしょう。

アクシデントの中でこそ、クラスの真価を知ることができるという側面もあります。アクシデントがあったとき、子どもたちが主体的に解決に動けなかったとしたら、まだ一斉指導の枠にはまった教室であることを自覚せざるを得ないのではないでしょうか。

— 94 —

44 担任の先生と話をして「第三者ほめ」を行う

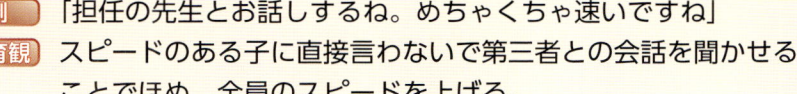

> **例**　「担任の先生とお話しするね。めちゃくちゃ速いですね」
> **教育観**　スピードのある子に直接言わないで第三者との会話を聞かせることでほめ、全員のスピードを上げる。

　これは、飛込授業という特別な条件のことかもしれません。ただ、授業参観とか公開授業などの場では応用していただけるかと思います。

　いろいろなほめ方の中の一つです。本人に直接言うのではなく、第三者にその子のことをほめるのです。自分へのほめ言葉を誰かに言っているというのは、ある意味、自分に直接言われるより嬉しいことかもしれません。いわば公的なことになったのですから。さらにそれをクラス全員の友達が聞いているとなればなおさらです。そして、そこで贈られたほめ言葉は、クラス全員のものとなり、全員がスピードを上げるという方向に向かっていくのです。

— 95 —

45 スピードを競い合うようにさせる

> **例** 「書けたら書けましたといいます。1番！、さあ、誰が2番か。
> 2番！」
>
> **教育観** 着手スピードを上げさせる。また、スピードを競い合わせて、
> 授業に緊張感を出す。

　「じっくり考える」という個性を尊重するあまり、全体的な授業のスピードや子どもの動きが遅くなっているという感じを、私は近頃いだいていました。考え続けることの基本として、スピードは欠かすことのできない要素です。

　アドリブ、即興、インプロ…。どれも思考のスピードが問われます。したがって教師は、授業の中にスピード感をどのように出していくか、絶えず、工夫をしていただきたいと考えます。スピード感のある授業は緊張感が満ちていて、思考の内容にも良い刺激を与えます。そして、学びの中にいい意味での成長に関わる競争を生み出していきます。

 **自分の意見（立場）の発表前に学級の結果を予想させる**

> **例** 「5年生のこのクラスでいちばん多いのはどれだと思いますか？」
>
> **教育観** 想像力（思いやり）＝読む力を育てる。学級全員で学び合うことにつなげる。「菊池学級」の根底に流れる考え方。

▼菊池学級のポスター

　クラスの友達との横の関係がないと、この問いには答えられません。相手の考えを予想する想像力は、相手を思いやる力がその土台として必要です。クラスの友達の普段の考え方や意見、そして行動の傾向などが分かってこそ、学級の結果は予想できるものです。

　この段階では、正確に予想をすることは求めていません。相手の立場に立って、想像するという体験をしてもらいたいのです。そして、クラスの友達の考え方を読む力を育てたいのです。学びは、学級全員でしているということを感じてもらいたいのです。これが、私の考える「菊池学級」の根底に流れる考え方です。

47 違いや対立を大切にする

> **例**　「先生ね、意見が分かれたら異常に燃えるタイプなの」
> **教育観**　白熱することは楽しいことだと伝える。

▼菊池学級のポスター

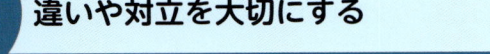

　私は、白熱する話し合いを教室につくり出す前提として、「人と意見を区別する」という価値語を、子どもたちの中に定着させるようにしました。「意見は違って当たり前。対立して当たり前。違っているから、対立するから面白い」という価値観を共有するのです。

　表面的な友達関係ばかりを気にして、「○○君が言うから賛成」「◎◎ちゃんが言っているから同じにする」という話し合いの姿勢が散見されます。話し合いは、新しいアイディアをつくり出すためのものであり、一人では気付けなかったことを話し合いを通して学んでいくのだという、話し合いの価値を子どもたちに伝えていきましょう。

48 どの意見か挙手させ、全員が挙げたかどうかを確認する

> **ねらい** 合計人数が学級の人数かどうかを確認する。
> **教育観** 合計数が合わなければ、何度でもやり直すことで全員参加させる。

　「挙手」で意見を尋ねたときに、適当に数えて、合計がクラス全体の数に合わないとしてもそのまま前に進めるようなことをしてはいけません。挙手に参加していなかった子が、「なんだ、別に無理して手を挙げなくても先生は気にしないんだな」と思ったとしたら、その関係を修復するのは大変難しいものです。

　「全員参加してこそ話し合いは成立する」ということを、初期の段階から、教師はきちんと示す必要があります。そのためには、正確に数え、合計が全員の数と合うまでは何度でもやり直し、学びの緊張感と全員参加することの意義を体験させることが大切です。

 **49** 教師の次の問いを予想させる

例 「次に先生は何と聞くでしょうか？」
教育観 「結論プラス理由」「主張プラス理由」の思考を当たり前にさせる。
自分らしさ（納得解）を出し合い考え合うことの楽しさを教える。

　主張や意見には、人を納得させる理由が必要です。理由のない主張や意見は、共感を得ることのできない暴論となってしまいます。話し合いの授業が何を目指して進んでいるかが分かれば、教師の次の発問も予想できるようになってきます。冒頭の問いをすることで、論理的な思考の深まり具合が確認できます。

　こうした理由を明確にした論理的な思考を当たり前のように日々重ねることで、自分らしさを発揮した話し合いを楽しくすることができるようになります。一人ひとりが自分らしさを発揮することで、話し合いが豊かになり、その内容は掛け算のような広がりをもっていくのです。

— 100 —

50 少しでも学ぼうとしていたらほめる

例 「相談した人？」で挙手できていない子がいたら、「相談しよう
とした人？」
教育観 内容重視ではなく変容重視の表れである。評価観の違い。

「話し合った人？」を「相談した人？」にハードルを下げることを先に
述べました。それでも挙手していない子どもがいたら、私は、さらに「相
談しようとした人？」とさらに手を挙げやすくします。一人も見捨てな
い覚悟で、教室の中のすべての子どもが成長してほしいと願うからです。

　内容ではなく、変容を問うという評価観・教育観の中では、学ぼうと
いう姿勢が重要視されます。「相談はできなかったけれど、何とか相談
の輪の中に入ろう、意見を言おう」という変化が子どもの中にあったの
ならば、それを最大限に評価したいものです。

— 101 —

話し合いができるように話し方を指導する

例 「いちばん聞いていない人を超がん見しながら話して」
教育観 聞き合える学級をつくる。聞き合い話し合うための責任を教える。

　白熱する話し合いのできる教室をつくっていくためには、話し合いに関する指導を、細かなことから一つずつ丁寧に具体的な事例の中でしていくことが重要です。

　例えば、友達の話の聞き方の指導として「話している人の方を見て聞きましょう」というように一般論として指導をしても、なかなか子どもの中には入っていきません。発表している子に「いちばん聞いていない人を超がん見しながら話して」と伝えると、発表する子どもは聞いていない友達を探そうとしますし、聞く側の子どもたちはきちんと正対しようと向きを変えます。具体的な場面の中でこそ指導は浸透していきます。

 **子どもの「間違い」をプラスに価値付け評価する**

> 【例】 「彼は先回りをして言ってくれました。どんなことを言ってく
> れましたか？ （挙手が多いことに）優しいクラスですね。彼も
> えらいけれど、みんなもえらい」
> 【教育観】 間違いをフォローし合う、それをほめることで、安心感のある
> 学級＝学び合う学級を育てる。

▼本間正人先生とセミナーで対談

　「教室は正解を求められる場所」から、「教室は間違えてもいい場所、大いに間違える場所」との価値観に転換したいものです。[35] でもご登場いただいた本間正人先生は、「『失敗』という言葉は使わない方がいいのです。私は『未成功』と言います。質の高い未成功が成功につながるのです」と、「コミュニケーション力で未来を拓く　これからの教育観を語る」（中村堂）の中で言われています。

　子どもたちが、思ったことや考えたことを、自由に、間違いを恐れることなく出し合える教室の環境をつくることが、教師の大事な役割だと考えています。

そのときの教室にある「もの」を最大限活用して雰囲気をつくる

例 撮影しているビデオカメラなど。

教育観 間違いなどのマイナスの空気を消したり、より楽しい雰囲気をだすこと。アクシデントを乗り越える。

　ある意味、授業はアクシデントの連続の中で行われると言ってよいでしょう。用意した教案通りに授業が進まず、結局、めあてに到達することなく授業を終えてしまうケースも少なくありません。アクシデントは起こるのが当たり前という覚悟で授業に臨み、アクシデントを楽しむくらいの余裕を私たちはもっていたいものです。

　アクシデントを良い方向に転換できるかどうかは、教師の経験と学びに裏付けられた「引き出し」の数によるのではないでしょうか？ポイントは、そのときの教室にある「もの」を最大限に活用して、マイナスの空気を消すことです。

**54** 活動前に望ましい基準を示す

例 「書く先生のスピードに負けないように」
教育観 合格ラインを示し、目標達成意欲を高める。

大人も子どもも、目的や目標が示されないまま何かをするのはとても
つらいことです。また、効率も上がりません。教師が具体的な目標を示
して、学びに誘（いざな）うのは、ある意味、不可欠なことでしょう。

どんな小さな活動でも、目的意識、目標意識をもてるよう、教師は細
心の注意をはらって授業に臨みたいものです。その中で「スピード感」
を意識させることはすべての活動に共通した重要なポイントです。教師
の板書を写させる場合など、その速度には大きく個人差が現れます。曖
昧に「速く書きましょう」というのではなく、「先生のスピードに負け
ないように」というような競争意識は子どもにストレートに響きます。

55 常に見ること＝集中して学習することを意識させる

例 「見えない人は先生を透視してください」

教育観 見えなければ自分が動けばいい。自分の責任で自分から学ぶこと。何もしないで「自己外責任」にならず、「自己内責任」を感じさせる。

　「自己外責任」か「自己内責任」か。これは、大人になってもずっと続く、生き方を問う大きなテーマです。教室の中の学びは、基本的には用意されているものだと誰もが考えるでしょう。環境や場は用意されていたとしても、その学びへの参加の仕方は、一人ひとりが決めるものだということは、子どもたちには伝えていきたいと思います。

　「見えない人は先生を透視してください」という無茶ぶりに対し、「透視はできなくても、見えるところに動けばいい」と考える子どもに育ってほしいのです。その意味で、教室の中でしてはいけないことは何もないという強い学びの意識を子どもたちに伝えましょう。

 **常に学習に参加していることを表明させる**

例 「書けたら『書けました』と言いましょう」
教育観 受け身の学びから脱却させる。自ら学び続ける態度を育てる。

▼「価値語日めくりカレンダー」

　「出席者ではなく参加者になる」という菊池学級で生まれた価値語があります。教室に漫然と座って出席しているだけではなく、「授業に積極的、主体的に参加する者になっていこう」という意味です。

　教師の「書きましょう」という呼びかけに対し、書き終わったら、「書けました」と発言するように私は指導してきました。主体的な学びは、こうした返事の一つひとつの積み重ねで出来上がっていくものだと思っています。最初に書き終わった子が「書けました」といえば、次の子も「書けました」と言います。指示が完了したらそのことを口に出して表明するということが、学級の当たり前の文化になっていくのです。

57 早く終わった子どもに課題を与える

> **例** 「終わった人は、先生が次に何と聞くか、もう考えているでしょうね」
>
> **教育観** 空白の時間をつくらず、学びを自分のものとして考えられるようにさせる。

　授業の中でスピードを重視するといっても、教師は、スピードの遅い子どもに目を奪われがちです。遅い子に合わせながらスピードを上げていこうとしても、なかなかそのようにはならないものです。早く終わっている子は、退屈してしまって、せっかくのスピード感を失わせてしまうことにもなりかねません。

　早く終わっている子は、自主的な学びもできる力を付けてきていますので、隙間の時間に退屈させないように、「学びとは本来、主体的なものである」ことを伝えながら、自主的な学びができるように指導していくことが重要です。

— 108 —

58 活動前に「自分の思ったことでいいんだ」と安心感がもてる情報を与える

例 「みんな同じということはないよね」

教育観 正解を考えるのではなく、自分らしさを発揮させることを重視する。

　これまで一斉指導の授業を受けていた子どもたちは、正解を答えることを求められてきたはずです。「できた人？」「分かった人？」と聞かれて正解を答えるというパターンです。

　「みんな同じということはないよね」という教師の問いかけは、「みんなと同じでなくていいんだ。違っている方がいいんだ」と、これまでの子どもたちの学習観を180度転換させるものです。私のそうした問いかけについていけず、当初発言がグンと少なくなってしまった子がいました。その壁を乗り越え、自分らしく考えることができるようになると、もともともっていた力と相まって、目覚ましく成長していきました。

— 109 —

59 意図的に小声で話して、教師の伝えたいことをよりはっきりと理解させる

例　「みんな同じということはないよね」「ということだそうです」

教育観　「大切なこと＝大きい声」だけではなく、「大切なこと＝小さな声」を使い分ける。

　教師にとって、声の大きさを自在に操る話法を身に付けることは大切です。大切なことを伝える際に大きな声を出すのは、一般的にされていることだと思います。場合によっては、大切なことを伝えたいときに、あえて小さな声で話して、「先生、何を言っているんだろう」と普段とは違う話法を使って、集中して聴くようにさせるのです。

　「聞き上手は話し上手」という言葉があるように、コミュニケーションの第一歩は、相手の話を聞くことから始まります。そのためにも、子どもたちに聞くことの大切さを伝え、指導していきましょう。

※［71］でも、小声について解説します。

60 机間指導で、書けていない子がいてもうろたえないで、称賛のつぶやきを口にする

> **例** 落ち着いた動きと声で「そうかあ」「なるほどね」など。
>
> **教育観** 一人ひとりの反応を気にすることなく、その後の学び合いで全員をつなぐことを考える。

　「何もほめることが見つけられない」という先生がいらっしゃいます。私は、ほめることがなくても、ほめています。

　「自分で意見をもって、たくさん書くことができる子ども」を育てたいという目指す像があったとします。当たり前ですが、全員が最初からそこに到達できているわけではありません。場合によっては評価は「0」の子どももいるかもしれません。できるのを待っていても、変容は起こりません。書けていない子がいても、「そうかあ」「なるほどね」と称賛の言葉を口にするのです。その後、書けた子の意見を共有していけば、何も書けなかった子も次には少し書けるように変わっていくのです。

— 111 —

61 自由起立ができない（まだ書けていない）子どもに チャンスと適度な負荷を与える

> **例** 「まだ立っていない友達が、何人かの人が言ったら『ああそう か』と思って立つと思う？」
>
> **教育観** そのときがダメだったら終わり、という考え方を壊し、自分の ペースで学び続けることを大事にさせる。

　個の変容を評価することは、一人ひとりの状況を正確に把握すること から始まります。学習に入って行けなかったり、自分の考えをまとめら れなかったりしている子どもに対して、それをマイナスの評価で否定す ることだけはあってはなりません。

　まだ、成長の過程にあるのですから、その子に最適な負荷の程度を考 えながら、一歩前に出るための後押しをしてあげましょう。ここでは「友 達の意見を聞いて、それを参考にしたら自分の意見を言えるかもしれな いね」と、教室の学びへの参加を誘いながら、意見をまとめることを諦 めさせない負荷を与えているのです。

62 立てていない子が友達の発言を聞いて立つように仕向ける

> **例** 「君が言ったとおり立つ友達がいます」
>
> **教育観** 立てていない子ども（そのときはマイナスの子ども）を見ておき、その子の変化・変容・成長をほめると共に、ほかの子どもとつなぐことで、全員参加で考え学び続けていることを示す。

　一斉指導型の授業で正解を答えることを求め続けられ、それに対応できなかった子どもは、学びに対する意欲を失っています。私がつくろうとする話し合いの授業では、学級の全員がもれなく参加することを目指します。自分の考えをもてないでいる子どもに対しては、ほかの子の意見を参考にしたり、場合によってはまねをしてもかまわないから、意見をもつことを求めます。

　学びはクラス全員でするものだということを、教室の当たり前のルールにしていきます。そして、ほかの子どもとつながりながらその輪に加わることができた子の変容を、大いにほめるのです。

後から立った子への温かい言葉かけをする

> **例** 「お待たせしました」
>
> **教育観** 学ぼうとして前向きな気持ちや態度を、その子の変容と捉えて評価する。一斉指導の正解重視ではなく変容重視。

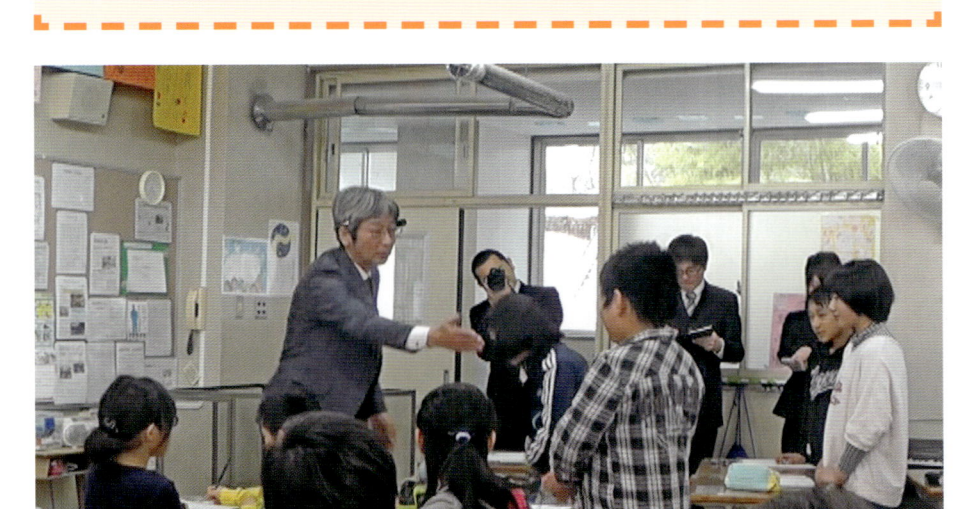

「一斉指導」と「話し合いの授業」の大きな違いは、評価にも表れます。「一斉指導」では知識の伝達がその中心ですから、正しく知識が伝えられたか、正しく知識を身に付けたかが大切にされます。したがって、絶えず「正解」が重視されることになります。正しいか間違いかの二項的な学びです。

「話し合いの授業」では、一人ひとりの子どもたちの変容を重視します。学びによって子どもがどのように成長したかを重視するのです。ここには、教師の一人ひとりに対する温かなまなざしが不可欠です。個に寄り添いながら、細部にこだわって関わりをもっていきたいものです。

64 「正解」を示す前に、どれも「正解」だと受け止めておく

例 両手でどの意見も含むと大きな円を描きながら「正解はあるんだけど、どれも正解なんでしょうね」

教育観 作者の正解と子どもたち一人ひとりの正解があること、抽象的には同じ正解であることを示し、一つの正解だけを当てる、知る学びではないことを大事にする。

▼菊池学級の話し合いについての板書

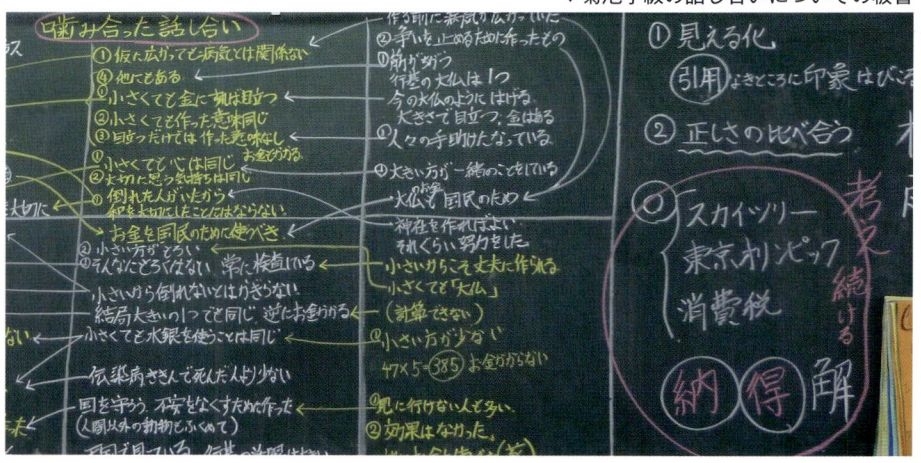

「話し合いの授業」では、「絶対解」よりも「納得解」を探る学びが多く行われます。「納得解」を探る学びには、「正解」はありません。「一斉指導」で「正解」を出すことを求められてきた子どもたちにとって、「どれも正解」という授業は、学びに対する常識をくつがえさせるものでしょう。

ここで話し合われているようなテーマでは、一人ひとりの意見はそのまま正解だということを子どもたちに事前に伝え、自由に自分らしく考えることの大切さを体験させたいものです。正解は自分の外にあるのではなく、自分の中にあるということを学ばせるのです。

— 115 —

65 授業の流れに変化をもたせ、授業を立体的にする

> **例** 「全員立ちましょう。3回声に出して読みましょう」
>
> **教育観** 座学にならないように、授業展開に変化をもたせ、授業を立体的にする。

　授業に変化をつけるための方法の一つとして、立つこと、一斉に声を出すことなどは、すぐにできて変化の大きさが感じられることですのでおすすめです。どんなに話しぶりが上手な教師でも、子どもたちを45分間、飽きさせることなく集中させることは難しいことです。それも1日の中で、4〜6時間も続けるのですから、なおさらです。

　教師が教卓の前から動かず、子どもたちは自分の机と椅子から離れることなく1時間を過ごす一斉授業の在り方は見直されなくてはいけないと思っています。静かに自分の席に座っていることを良しとする教師の価値観では、今日の子どもの変化に対応できないのです。

 **66** 子どもたちの勘違いをユーモアでスルーする

> **例** 「全部やり直したら、先生、またここから『はい、拍手』って
> 出てきて、全部やり直さないといけなくなっちゃう」
> **教育観** 正しいことを教えるだけではなく、とぼけた感じで教師が笑い
> を取って雰囲気を壊さない。

「否定の言葉はその場を破壊する」と、常々思っています。子どもが勘
違いしたことを否定してしまうと、それまでの授業の流れや雰囲気を壊
してしまうことになりかねません。また、子どもが失敗感をいだいて、
学習への意欲を失ってしまうことにもなりかねません。

　白熱する教室には、温かい空気と笑顔があふれています。まず教師自
身が、ユーモアあふれる温かい存在であってほしいものです。勘違いの
発言や行動も、ユーモアで優しく受け止めて、プラスの方向に転換させ
ましょう。場に応じて、母性、父性、子どもらしさといった価値を適切
に使い分けて、子どもとの関係を確かなものにしていきます。

67 自分の考えを書かせるときは、ゆっくりした説明から素早い指示への話し方を工夫する

例 「……（説明・ゆっくり）、書きましょう（指示・素早く）」

教育観 教師の話し方の変化につられる形で思わず書き始めるように仕向ける。

　これもスピードを意識したコミュニケーション術の一つです。説明と指示に緩急をつけます。「説明」は、ゆっくりと話し、内容を十分に理解させます。その後の「指示」は、素早く着手させるよう速くしゃべります。このスピードの変化につられる形で、子どもたちは意識せずとも素早く書き始めるようになるのです。

　教師が緩急のある話し方をすることで、子どもは刺激され、スピード感のある教室をつくり出していきます。こうしたことを何回か繰り返すと、子どもたちの着手スピードは大きな変化を示し、ぐんぐんと速くなっていくのです。

**68** 机間指導で適度に挑発する

> **例** 「あっ、もう二つ書いてる」「もう三つ書いている人がいるんだ」
>
> **教育観** 多岐にわたる内容を出させたいので数に挑戦させる。次の学び
> が豊かになるための布石。

▼ 「価値語日めくりカレンダー」

[25]で、挑戦や挑発について触れました。学ぶ意欲の後押しです。この場面では、クラスの中で競い合いを起こすような挑発をしています。すでに考えを書けている子のノートを見ながら、具体的な数字を挙げて挑発し、競争させようとしているのです。数多く考えを出させたい場面でこうした言い方は有効です。

菊池学級で大事にしていた価値語の中に、「競い合うのが成長だ」がありました。どちらが先に成長曲線を駆け上がるのか、競争しようという呼びかけです。クラス全員が成長するということと、競い合って成長するという二つの側面を子どもたちに理解させたいものです。

— 119 —

69 机間指導であとの意図的指名を考えておく

例	ランドセルと書いていた女の子、地球や地域の方と書いていた数名の子。
教育観	三つ書かせた効果を出す。指示した内容には意味があることを教師は自覚するべき。変容重視は子ども任せではない。震災を体験している三和小学校での授業であり、一斉指導のように画一的ではないということ。

　私の考える「机間指導」は、「全体指導」を前提としたものです。ややもすれば、「先生が机の間を歩きながら、しっかりやっているか監視をする」というイメージを子どもはもっているのではないでしょうか？

　私は、子どもたちのノートを見ながら、まだ書けていない子へのヒント出したり、その後どのように授業をつなげていくかポイントとなる考えをノートの中に探したりしているのです。授業を行ったこの福島県いわき市立三和小学校は、東日本大震災を経験した子どもたちが学ぶ学校です。多様な考えを引き出し、それをもとにつながり合う豊かな授業をつくりたかったのです。

70 授業では、読む力を鍛える

> **例** 「『読む力』と板書し、先生が何を考えているか読みましょう」
>
> **教育観** ここは教師の話が少し混乱した場面である、整理しないまま話してしまった場面である。それでも、あえて価値語を示し、学び方を教えることにした。授業は教師がつくる部分を貫くことも当然大切である。

　「読む力」といっても、「文章を読む力」「相手の気持ちを読む力」「先を読む力」「空気を読む力」などいろいろあります。「読む力」と「聞く力」は、コミュニケーションをするうえで、相手を受け止める第一歩ですから、とても大切です。授業中の教師の側から言えば、何を読ませ、何を聞かせるかということになります。

　この授業の中では、私自身が流れを整理しきれず、少々混乱してしまいました。1時間勝負の授業ではあとで補修することはできませんので、「読む力」という価値語を示して、学び方という核となる内容を指導しました。状況に応じた教師のアドリブ力です。

71 一人の子とのしゃがみこんでの小声の対話を聞かせることで、活動の前にルールを全員に伝える

例 「あっち側の人には聞かれたくないんだけれど」「このクラスの人は、男の子同士、女の子同士で固まるとかないよね」「何もリアクションがないと嫌だよね。5年生自信あるよね」「聞こえなかったでしょ」「いい学級ですね」

教育観 望ましい在り方を前もって示しておく。行動目標を示しておく。よい学び方のあり方を教え体験させる。

　この授業では違いますが、私は「小声の対話」を、集中していない子どもにしました。「小声の対話」は、大切なことを伝えるときに有効です。特定の人にだけに話している様子は、ほかの子どもたちにとってはとても気になります。気になるので、聞きもらさないようにと、普段以上に集中して聴くのです。

　「男女で固まらない」「リアクションをする」「自信をもつ」などの望ましい在り方を大きな声で伝えるのではなく、ささやくことで、子どもたちの中に染み入っていくような気がします。そして、「聞く」から「聴く」へと傾聴力が高まっていきます。

— 122 —

72 指示を最後まで聞くことよりも 先に動こうとした子どもをほめる

> **例** 「スピード違反。速すぎるくらい速すぎる彼女にも大きな拍手
> をしてあげましょう」
>
> **教育観** やる気の表れだと判断し、ユーモアで対応し、「失敗」を2倍
> のよさとしてほめる。

▼菊池学級のポスター

これまで「スピード」を重視することを何度か記してきました。スピードの指導をしていると、ときどき、教室の中の早とちりをするような子が、フライングするようなことも起こります。私はそのようなときに「スピード違反」という言葉をプラスの意味で使って、「速すぎるくらい速い」とほめます。

やる気は、スピードに表れますから、そのことをきちんほめてあげないと、それまで言っていたスピードの指導も条件付きのものかと、子どもたちにはしっくりしないものになってしまいます。ユーモアの心を大切にして、教師は子どもたちと向かい合いましょう。

— 123 —

73 教師の話の聞き方、学びへの態度を観察しておき、その子の反応力を見ておく

> **例** 「スピード違反」と言われた子どもの明るい笑顔。
> **教育観** この子へは多少の無茶ぶりは大丈夫だと判断した。

　「スピード違反」という言葉は、一般的にはマイナスの言葉です。先項で書いたように、私は「プラスの意味」で「スピード違反」という言葉を使いました。その意味を正確に受け止め、明るい笑顔をすることのできた子どもは、言葉の力も、コミュニケーション力も高い水準になっていることは間違いありません。

　無茶ぶりやアドリブは、高いコミュニケーション力があって初めてできることです。子どもの反応はある意味、アドリブの連続です。そのアドリブに対してアドリブで応えていく力は、教師に必須の力です。多くの人や社会と関わることでコミュニケーション力を磨きたいものです。

74 拍手でほめるバリエーションを流れの中で豊かに活用する

> **例** 「きっと二人は拍手で立ち上がってみんなに会釈をすると思います」
>
> **教育観** 反応力がありそうな子をほめる対象にし、無茶ぶりをして、拍手で盛り上げる。

　拍手をすることに慣れてきた段階で、さらに学級のムードを明るく活気あるものに、または、温かい空気にしていくための手法の一つです。

　子どもたちの中で、教師の指示にしっかり反応できる子を主人公にします。「きっと二人は拍手で立ち上がってみんなに会釈をすると思います」と言いながら、二人の近くに寄っていきます。そして、「はい、拍手」とクラス全体に声をかけると拍手がわき上がります。それを合図に二人は立ち上がるのです。このような様々な拍手のバリエーションを用意しておいて、教室の雰囲気を明るく、温かいものにしていきましょう。拍手にも変化が必要です。

75 自由に立ち歩いての対話場面では、教師は外から子どもたちの様子を眺める

> **ねらい** 子どもたちの対話の内容をあえて聞こうとはしない。
>
> **教育観** 初期の段階では、どのような動きをするのかを見る。「一人をつくらない」を第一に考える。人間関係が出るところだから、速成指導を行わない。
> 対話の非言語の部分を見て、いい子どもをほめる。

　白熱した話し合いの授業では、自由な立ち歩いての話し合いを保障します。こうした取り組みを提案すると「話し合いの輪の中に入れない子がいるかもしれないから、よくないのでないか」という不思議な反対意見を聞かされることがあります。

　教育は、様々な体験を通して目的をもってその方向に子どもを育てていこうとする営みです。「一人をつくらない」ようにどんなはたらきかけができるかを工夫して、よりよい人間関係を教室の中につくっていくことこそが、教師の役割です。最初の段階では、内容よりも対話の在り方に着目して、よくできている子どもをほめながら示したいものです。

76 聞き方のレベルをより上げる

例 「分かった。切り替えが速いのは、先生のここ（口元）を見ているからだね」

教育観 新しい視点を与えつつ、AさせたいならBと言えの原則にのっとって子どもたちの動きのレベルを上げていく。集中と切り替えが白熱する学びには必要であるから。

　１時間の中でも学びを進化・深化させることは十分できます。

　この１時間の授業には、「『切り替えスピード』を速くする」という「学び方のめあて」があります（本書［Ⅰ］参照）。そのめあての中には、第一段階として「切り替えスピード」という価値語を一人ひとりの子どもたちの中に入れていくということと、第二段階として、より速い切り替えスピードへとレベルアップしていくという二つがあります。

　この日伺った学級の子どもたちは、１時間の中で着実に変容していきました。より速く動けるように、声を聞いてから動くのではなくて、口の動きを見て次のことを予想するという高度な読み方を示したのです。

77 活動の評価を行う①

> **例** 「話し合い上手ですね。笑顔だからですね。上手な人は笑顔なんですよ」
>
> **教育観** 1時間の授業であるから、細かなことは言わないで、いちばんのポイントのみをほめる。

　45分1本勝負の（プロレスの試合みたいですね）授業では、子どもの琴線に触れ、そのあともずっと心に残るような印象的なほめ言葉をかけるように心がけています。明るく笑顔で話し合いができたなら、そのことをストレートにたたえるのです（この原理は、1年間担任する場合も、実は変わらないのですが）。

　1時間の中で子どもが変容するとしたら、それは人間の幹の部分に影響を及ぼすような高い価値のある言葉が必要です。いろいろなことを言うのでなく、いちばんのポイントを端的にほめることが、その後の成長につながっていくのです。

— 128 —

78 ポイントを印象付けるためにペアでそれを確認させる

> **例** 「隣りの人に、あんたの笑顔可愛いよと言いましょう」
> **教育観** ユーモアあふれる形で行うことで、「自分たちはよかったんだ」と思わせ自信をもたせる。

　ペアでの話し合いが成立するためには、ペアになった二人の間に信頼関係があるかどうかが重要です。お互いが信頼できず、個性が生かされていないような学級の人間関係の中で、「アクティブ・ラーニング」をしようといっても、成立するはずもないのです。

　そこで「観」の転換が必要になってきます。人間同士の温かいつながりを大切にしようという教師の「観」を土台として、話し合いの成立する温かな人間関係を学級につくろうとしているかどうかが問われます。そのために、教師はユーモアをもって、人間関係を確かなものにつないでいきましょう。

79 活動の評価を行う②

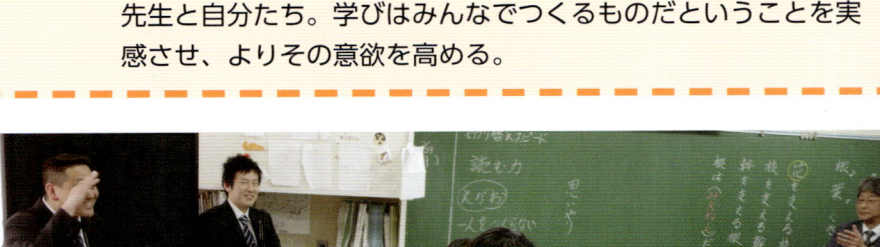

例 「『一人をつくらない』（板書）ですね。あなたたちも偉いけれど、担任の先生が偉いのですよ。みんな立って。担任の先生にスタンディングオベーション」

教育観 よい学びはよい学級で行われる。その学級をつくるのは担任の先生と自分たち。学びはみんなでつくるものだということを実感させ、よりその意欲を高める。

　45分の飛込授業の中で、私の考える授業の5つのめあてに到達できたなと思えたとき、私自身は手応えを感じるとともに、とても嬉しい気持ちになります。そのようなときは、子どもたちをほめるのはもちろんのこと、そのクラスを担任され、日々の授業をされている先生に対して、子どもたちと一緒に敬意を表するようにしています。

　学びは、教師と子どもたちの共同作業です。教師がそのことを誰かからほめられるチャンスはとても少ないものです。数少ないチャンスに居合わせていただけた自身の幸せに対する感謝の意味を込めて、子どもたちとともに担任の先生にスタンディングオベーションをするのです。

80 班や列指名のときの発言順は希望者からとする

> **例**　「口火を切りたい人はいますか？」
> **教育観**　「自分から」を大事にする。白熱する自由起立発表へと向かわせる。

　教師が授業をコントロールしながら進めるのは当たり前ですが、その中でも、子どもたちの自主的な意欲を大切にして授業を進めていくように配慮する必要があります。

　私は、班や列指名のときの発言順は希望者からとして、「自分から」という意欲を大切にします。「口火を切りたい人はいますか？」と聞くことで、学びの意欲に着火することができます。最初は少しの間、戸惑いがあるかもしれませんが、積極的な子が口火を切ると、次回以降、たくさんの手が挙がるようになります。そして、それはやがて自由起立発表へとつながっていくのです。

— 131 —

81 男女のペア、混合のときには、レディーファーストで行う

ねらい 男の子の自尊感情をくすぐる。

教育観 相対的に男の子の方が初期の段階では「自分らしさ」（ユニークな意見）が出て白熱しやすい。

　教室の中では、「男女区別なく」は絶対に外してはいけない指導の原則ですが、いい意味での男女の役割の違いも十分に生かしていきたいものです。

　男女が仲良く、男女の区別なく関係づくりができている教室は、男女のそれぞれの「らしさ」が発揮されている教室だと、私は体験をもって知っています。白熱する話し合いのできる教室を初期の段階でリードするのは男の子です。したがって、私は、男の子の自尊感情を生かしながら、話し合いをリードしてもらえるような環境づくりを心がけていました。「レディーファースト」という言葉に、男の子は敏感です。

— 132 —

82 子どもの呼び方を意図的に変える

例 男の子 ○○君→彼、女の子 ○○さん→彼女。
教育観 その子どもの近くでは「○○君」、全体に○○君のことをほめる時には「彼」と変えて、大人として接していることを伝えて、ほめる行為の価値を上げて理解させる。

　教室の中で子どもの名前をどのように呼んでいますか？　名字で、名前で、フルネームで。呼称はどのように付けていますか？　男女で、「君」と「さん」を使い分ける、男女とも「さん」。

　私は、名字に男女で「君」と「さん」を使い分けて付けていました。学校という公の場では名字で呼ぶことが子どもにたちに対する尊敬ではないかと、私は考えます。

　教師と子どもの一対一の関係ではそのようにしつつ、教室全体で一人を取り上げるときには「彼」や「彼女」と呼ぶことで、一人の大人として関わっているんだよという気持ちをいだかせてあげられます。

— 133 —

83 書かれていないことを発言したことをほめる

> **ねらい** ノートに書いていないことを発言した子どものノートを手に取り見せながらほめる。
>
> **教育観** 即興性を大事にする。書かれたことだけを言うというのは、一斉指導の正解主義の弊害である。

　原稿を用意しないと（用意されていないと）、ひとまとまりの話ができない子が多くなってはいませんか？それらの原因は、すべて教師の側にあります。学習発表会の場での子どもの発表も、原稿を書いてから、何度も音読をして、さらに暗記するという練習を経て、本番を迎えるというのが一般的になっているのではないでしょうか？原稿を教師が書いているという舞台裏を私は何度も見てきました。一斉指導の正解主義の弊害が端的に表れた事例だと思います。

　こうした中で、即興で意見を言える力が育つはずもありません。即興性を重視した授業を仕組み、即興力を磨くことが教師の責任です。

84 拍手の規模を拡大する

> **例** 「自分でも大きな拍手をしていいよ。それよりも大きな拍手が友達から来ますから。先生方からもほしい？　はい拍手」
>
> **教育観** 1時間の流れの中での拍手のバリエーションを豊かにする。子どもたちは「見せ物」ではないのだから、その場にいる参観者も当然参加するべきである。

　「拡大」は、教育の繰り返しの中でも重要なポイントです。一見同じことの連続のようであっても、教師は、少しずつでも拡大を図ることを心がけたいものです。

　拍手であれば、規模を拡大した大きな拍手をところどころに挟みこむことで、変化をつけながら、子どもの発言をほめたり、たたえたりしたいものです。さらに規模を拡大したいときには、私は「はい、全員立ちましょう」と指示してから、スタンディングオベーションをすることもあります。こうしたことを経験させると、子どもたちはそれにふさわし場面で、自発的にスタンディングオベーションができるようになります。

85 ユニークな発言の理由は、その発言者に言わせず、まずは全員に考えさせる

> **例** 「なぜ、彼女は『ランドセル』といったのでしょうか。読め」
>
> **教育観** 予想（思いやり）させることで、互いに考え合う、その面白さ価値を体験させる。

　教師が予想していなかったユニークな発言が出された場合に、その発言の価値をどのように高めていくかが問われます。この場合、私は、本人が理由を言うのを止めました。そして、そのユニークな発言の思考の過程を全員で考えさせたのです。

　友達と学習するということの価値は、一人ひとりが考えを出し合い、自分一人では思いつかない考え方を共有して、学びを広げられることにあります。友達の意見の理由を想像することは、思考の幅を大きく広げることになります。こんな判断を、教師は授業の一瞬一瞬にしたいものです。

86 自信のない子の発言でもどこかをほめる

> **例** 自信のない子がほぼ同じ内容を話したときに「(前の人の言ったことを)よく聞いていたね」
>
> **教育観** 「学ぶ」は「まねる」から考えても、その子が一生懸命であれば「同じ」をもほめる。

　私の考える教育観・評価観の中心は、「個の変容」です。一人ひとりの成長を細部にこだわって観察し、微細な成長をほめることで、内在する可能性を引き出していきたいと考えています。

　発言に積極的ではなかった子にとって、発言したこと自体が大きな成長ですから、そのことをほめます。また、その発言内容が前に発言した子と同じ内容だったとしても、「前の友達が言ったことをよく聞いていたね」とほめます。このように、関係性を重視してほめることで、「一人で成長するのではなく、クラスのみんなと一緒に成長していくんだ」という学びに対する新しい考え方ができるようになります。

87 大切な説明は、対話形式で行う

> **例** 「自分がだれかを支える根っこになることは、……ありますね。……」
>
> **教育観** 一方的に話さないで、対話的に（子どもたちが言葉にしなくても）伝える話し方をすることでより印象付けることになる。

　この本では、私の行っている「コミュニケーション術」を紹介しています。「パフォーマンス術」だとしたら、主体は教師にあります。子どもの変容を視野の外に出してしまうことになります。「コミュニケーション術」は必ず相手がいて成立するものであり、子どもの変容を確認しながらの「術」ということになります。

　教師が説明をする場合も、一方的にするのではなく、対話的に伝える話し方をすることで、その内容をより印象付けることが可能になります。「対話的」ということは、教師対クラス全員ではなく、教師対一の関係をクラスの人数分つくることになるのです、

— 138 —

88 予想することへの抵抗感をなくさせる

例 「よそう」を逆に読めば「うそよ」
教育観 考えた予想は前向きな学びへと動き、化学反応を起こすきっかけとなる。

　自由に思考していくことのできる力を育むために、論理的ではない自由な予想も学習の中で大切にしたいものです。

「よそうは、うそよ」と示すことで、ある意味あてずっぽうに根拠なく意見を言えるような空気を教室の中につくりだすことは、積極的な話し合いを生み出していくために重要です。自由な思考をすることで考えることをトレーニングし、前向きな学びをしていく基礎的な力と、自由な話し合いの空間がつくられていくのです。正解にこだわらなくていいという新たな価値観に出会い、「よそうは、うそよ」と示された子どもたちは一瞬にして表情が柔らかくなります。

89 予想で間違えた子には、その間違いを無視して正解を示し、ユーモアを生み出す

例 「本当はこう思っていたんだよね。こんな時は「そうです」と言っていた方がいいよ。みんなからも拍手が来るよ。はい、拍手」

教育観 予想して挑戦したことに価値を置く。正解主義の学びではないことを大事にする。

　間違うことを恐れないことや、間違いを受け容れられることは、白熱する教室の土台です。積極的な学びの姿勢をほめることが重要で、一つひとつの解答の正誤を重視しない教師の姿勢が大切です。

　絶対解を追う正解主義の授業観の時代は終わったと私は考えています。考え続ける人間を育てるのが目的ですから、考えることに積極的な学習態度こそ、ほめてあげたり、評価してあげたいものです。

　そうした教師の考え方の中で、間違うことを恐れない子どもが育ち、友達の間違いを受け容れられる子どもが育つのです。「人と意見を区別する」という価値語が、子どもの中に根ざしていきます。

**90** 子どもたちのつぶやきに引きずられないようにする

> **ねらい** 正解を口々に言う子どもがいても、「分かる人？」と挙手させて指名する。
>
> **教育観** つぶやきを拾うこともあるが、座ったままの口々の発言を認めて授業を行うと、徐々に授業に締まりがなくなり濁ってくる。それをピリッと防ぐ。

　学習規律は、子どもたちが自覚的に身に付けていってほしいと考えています。つまり、教師が「〜しましょう」と学習規律を言葉で指導するのではなく、学びの中で何が大切かを体験的に習得していくような場面を意図的に教師がつくっていき、子どもたちは、その中で自然とどのような学びをすることが大切かを理解していってほしいと思うのです。

　公の場では、挙手をして、指名され、立って堂々と主張して初めて「意見」になりうるという原則を大切にしたいものです。学びが活発化し始めると、指名されていないのに発言する子どもが出てきますが、それを拾わないことで、ルールから外れていることを自覚させるのです。

廊下に子どもを出しての秘密会議

> **ねらい** 秘密の会議で、ほかの子どもたちの興味を引き付ける。
> **教育観** 教室は楽しくなくてはならない。教師は、そのために様々な仕かけを用意する。

▼山口県内の小学校での一コマ

　私は、飛込授業では、廊下に一人の子どもを連れて行って、秘密会議を開くということをしばしばします。これは、自分の考えている方向に授業を進めるために、やや難しい問いかけの正解を耳打ちするためと言うことが直接的な目的ですが、子どもの経験したことのない行動で、子どもたちの興味・関心を一気に集めようという思いもあります。

　当然、廊下に招かれた子どもは、何が始まるんだろうとドキドキしますが、教室に取り残された子どもたちも、○○君だけ廊下でなんの話をしているんだろうと、想像をめぐらせます。こんな楽しい仕かけは、普段の授業の中でもいろいろと考えられるのではないでしょうか？

92 当ててほしい人は、中指の爪の先を動かす

> **ねらい** 積極的な学びの意欲を見逃さずに、クラス全体のものにする。
> **教育観** 意欲は行動となって表れることを具体的な事例で紹介し、動き
> のある教室をつくっていく。

　指名してほしくてほしくてたまらない子が、伸びた指先を小刻みに前
後させて、その意思をさらに強く表すことがあります。そのような強い
学びの意欲の姿勢を見つけたら、私は最大限にほめます。体も前のめり
になっていることが多いですね。
　「見てごらん。彼の指先、『当てて当てて』って、先生を呼んでいるよ」
などと言いながら、そんな挙手をしている子を、全体の前でほめるので
す。学ぼうという積極的な姿勢は、様々な非言語の形になって表れます。
教師は、そんな一つひとつの動作を見逃さずに、ほめて、共有して、ク
ラス全体の力量アップに生かしていきたいものです。

— 143 —

93 正解の子どもに挙手をさせ、そのまま頭の上に掌を置かせて「正解。よしよし」

> **ねらい** 言葉だけでなく、いろいろな方法を駆使してほめる。
> **教育観** スキンシップを大事にして、全人格的な関わりを大切にする。

▼映画「挑む」より　©2016 菊池道場・オフィスハル

　子どもは、言葉でほめられるのはもちろんのこと、直接体に触れながらほめることは、高学年でも喜ぶものです。

　先日、私の担任した子どもたちの内、現在、中学校に在学している子たちに会いました。その内の一人が「中学校の先生も、ほめてくれはするけれど、わざとらしい」と言っていました。子どもの感性をけっして侮ってはいけません。ほめるということは、一人の人間との真剣勝負なのです。どんな人間に育てようと本気で思っているか、子どもに対する尊敬の思いがあるか。それは、純粋な子どもたちに直接伝わるのです。教師としての存在の全てをかけて、子どもたちと向かい合いましょう。

94 自由に立ち歩くときに一人の子に、友達に「誘ってあげて」

> **ねらい** 学級全体の学びは、子どもたちの横の関係の中でこそ、つくられる。
>
> **教育観** クラスのリーダーは、場面場面で変わっていく。適任な子を指名して、クラスづくりを進めていく。

「学びは、学級全員でするものだ」ということは、子どもたちに何度でも伝えなくてはいけないことです。話し合いの活動をしていても、輪の中に入ることができなくて、あるいは、そうした活動を嫌って、一人でなんとなく立っている子がいます。[79] に書いたとおり、話し合いの授業の中では「一人をつくらない」ということが大原則です。

教師が「話し合いに参加しなさい」と外れている子に言うのは逆効果です。ますます、入っていかなくなってしまうことでしょう。教師は、一人の子に「誘ってあげて」と声をかけるように促すのです。友達の声かけが、安心できる話し合いの場をつくり出していきます。

95 拍手は、「強く」「細かく」「元気よく」の 3つのポイントを

> **ねらい** 拍手の基本は、最初の段階で徹底して指導する。
> **教育観** 習慣化されたことをあとから直すのは難しい。

拍手をすることに慣れていない子どもたちには、まず、「強く」「細かく」「元気よく」という拍手の3つのポイントを指導しましょう。拍手の基本を最初の段階で示すことは大切です。

せっかく拍手をしても、弱く、だらだらと、気持ちがこもっていなかったら意味がありません。拍手を価値あるものとして教室に根付かせていくためにこそ、その基本をきちんと指導しておきたいものです。その基本ができると、本書の中で述べてきたように、拍手のバリエーションが豊かになるとともに、心から賞賛の拍手を友達に贈ることができる子どもが育っていくのです。

96 机を班にするのは10秒以内で。憲法に書かれています。

> **ねらい** 誰もが守らなくてはいけない学習の規律は、憲法に等しい。
>
> **教育観** 教室は社会の縮図だからこそ、守らなくてはいけない憲法がある。

▼菊池学級の「17条憲法」

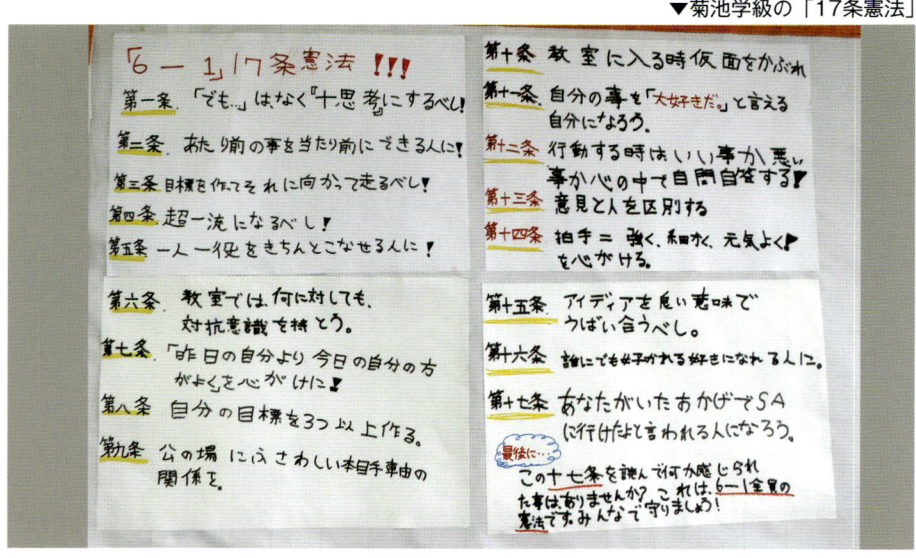

　学校という学びの場の、規律と自主性・自由のバランスを、どのように示していくか、教師の覚悟が問われる部分ではないでしょうか。私は、「憲法に書かれています」とか「法律で決まっています」というような言い方で、どうしても守ってほしいことや、絶対に実現してほしいことを示します。ある意味、問答無用の絶対的な規律を示すのです。

　学習の規律の多くは、理由を説明する前に、実現することを重視した方がよいことが少なくないものです。そんな内容は、「憲法に書かれています」と順守しなくてはいけないと、毅然と示しましょう。教師の子どもに対する覚悟の表現の一つです。

— 147 —

97　先生が近づいて右手を出して「はい、どうぞ」と言ったら、その人は発言しないといけない。これも憲法に書かれています。

> **ねらい**　憲法にはさまざまなことが書かれている。教室にもたくさんの
> ルールがある。
> **教育観**　ルールを守る中で、公の存在という自覚ができていく。

　正解を求められる（答えが自分の外にある）一斉授業の中では、答え
が分からなくて発言できないということがあります。私の考える授業観
では、相談した内容を言えばいいだけですから、発言できないというこ
とは基本的にありません。ですから、「先生が近づいて右手を出して『は
い、どうぞ』と言ったら、その人は発言しないといけない。これも憲法
に書かれています」という、一見無茶な発言も成立するのです。

　どんな環境の中でも、それまでの経験や学びをもとに現実と向かい合
い、自分の中に答えを求めてほしいとの教師としての私の思いが、「考
え続ける人間を育てたい」という結論につながっているのです。

 **98** 「相談しましょう」で先に口を開いている

> **ねらい** 口を開くことから対話は始まる。
>
> **教育観** 自分から他者に関わっていこうとする心と態度を育てる。

「相談しましょう」という問いかけになじんでくると、どんなタイミングで教師が「相談しましょう」と言うかを予想できるようになってきて、教師が「相談しましょう」と言い始めるタイミングで、口を開いて相談し始めるようになります。

　社会の中でつぎつぎと起こるであろう予期せぬできごとに直面したときに、考え続けられる人間はさまざまな経験と知識を総動員して、猛スピードで思考し、対応することでしょう。教師ができることがあるとすれば、それは知識の伝達ではなく、考える力をどのように磨いてあげられるかなのです。それが、私の教師人生の目標です。

授業開始時はマイナスであっても
後半で頑張ってる子に「心が折れないですね」

> **ねらい** 「一人も見捨てない」教師としての覚悟が問われている。
> **教育観** 「一人も見捨てない」と言うことは簡単。何が「一人も見捨てない」ことなのか。考え続けたい。

▼写真の児童と下の記述は無関係です。

　１時間限定の飛込授業の中では、明らかにマイナスの態度で授業に臨んでいる（いや、授業に関わろうとしない）子どもが、ときどきいます。教室に入った瞬間、そうした空気を体中から発している子どももすぐに分かります。

　私は、そんな子にこそ、一期一会を大切にして、出会いの痕跡を残したいと思うものです。多くは一斉授業に飽きて、反発している子たちですから、私の目指す話し合いの授業に少しずつ反応します。前や後ろに倒れていた背中がちょっとずつ立ち上がってくるのです。私はその瞬間、「心が折れないですね」とほめるのです。

 **100** 教師の言葉のあとに同じことを言わせて盛り上げる。
「いやあ、まいったまいった」

> ［ねらい］ 教室は感動の連続です。
> ［教育観］ 予期せぬほどの子どもの成長の姿が、教師にとって最大の喜び
> です。

▼映画「挑む」より ©2016 菊池道場・オフィスハル

　子どもたちの可能性は、大人の予想を凌駕します。授業をするごとに、私は新たな学びをします。そんな子どもたちに出会ったとき、私は、「いやあ、まいったまいった。こんな子どもたち見たことない」と正直な言葉を発するとともに、その言葉を子どもたちに復唱させるということをします。教師の率直な気持ちを言葉にするとともに、それを子どもたちと共有し、賞賛してあげたいからです。子どもたちは、とても嬉しそうな顔をして復唱します。

　そんな場面が、私の日々を追ったドキュメンタリー映画「挑む　菊池省三・白熱する教室」にも出てきます。どうぞ、ご覧ください。

— 151 —

Ⅲ
子どもの変容の事実

　以下は、飛込授業を受けた子どもたちの多くの感想文の中から、ごく一部を紹介するものです。

① 「菊池省三先生の授業」高知県　6年生

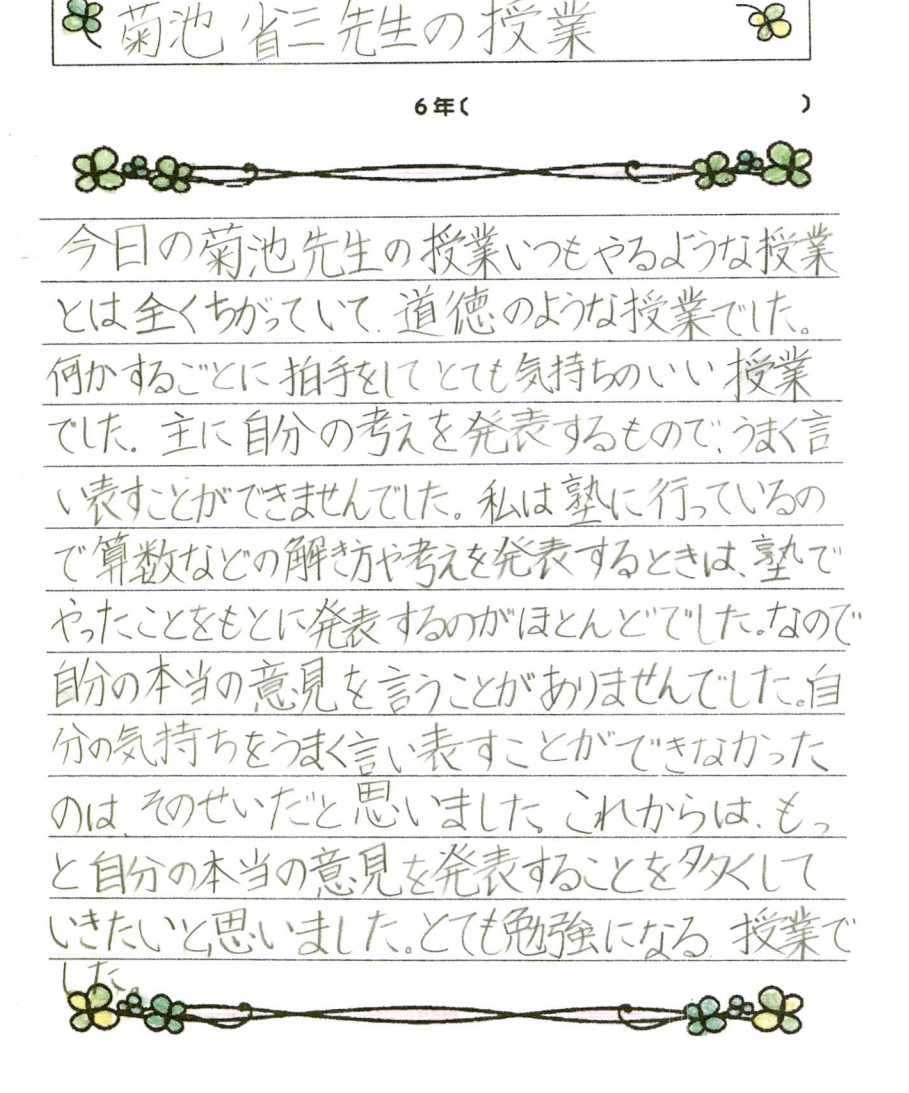

🍀菊池 省三先生の授業 🍀

6年（　　　　　　　　　　　）

今日の菊池先生の授業いつもやるような授業とは全くちがっていて、道徳のような授業でした。何かするごとに拍手をしてとても気持ちのいい授業でした。主に自分の考えを発表するもので、うまく言い表すことができませんでした。私は塾に行っているので算数などの解き方や考えを発表するときは、塾でやったことをもとに発表するのがほとんどでした。なので自分の本当の意見を言うことがありませんでした。自分の気持ちをうまく言い表すことができなかったのは、そのせいだと思いました。これからは、もっと自分の本当の意見を発表することを多くしていきたいと思いました。とても勉強になる授業でした。

今日の菊池先生の授業。いつもやるような授業とは全く違っていて、道徳のような授業でした。

　何かするごとに拍手をしてとても気持ちのいい授業でした。主に自分の考えを発表するもので、うまく言い表すことができませんでした。

　私は塾に行っているので算数などの解き方や考えを発表するときは、塾でやったことをもとに発表するのがほとんどでした。なので自分の本当の意見を言うことがありませんでした。

　自分の気持ちをうまく言い表すことができなかったのは、そのせいだと思いました。

　これからはもっと自分の本当の意見を発表することを多くしていきたいと思いました。

　とても勉強になる授業でした。

②「ほめ言葉」梅木晴　5年生

ほめ言葉

1/15(金)に菊池先生が四小に来てくれました。6-1で授業をくれたり、ラスで6年生にほめ言葉をやりました。

6-1で授業をやって菊池先生が
・ほくにでもてきた
・手の拳げ方がうまい
・切り替えがはやい
・黄色の人(姿勢)がよくてすごい
・友達がこまっている人がいると助けてくれる
・友達の話を3人が発表してくれた
・読む力がある
・友達のスピーチを聞いてメモをとっていた
・クラスのみんながとくちょうをつかんでいた
・ともだちの人のよいところを言い合いしていた
・とてもうれしく思いました
・ 45分切りないのにほめられてごくいと思いました

5-1で「で」「に」「ほめ言葉」
・ヘンな漢字(四字熟語・俳句・三文字
～字・○○言葉)をしっていた
・こんなにほめ言葉にしたことがなくて
内容もほめ言葉にしてくて
ほめ言葉を1日のですや時間が短
主人公になったときやう
あっ
わたしが主人公になったときや
てみたいと...

きくと
菊池先生は、「45分間で8個も見つけてをもっとすごいよ。→わたしはうなりました。」

まとめ
きょうはだ菊池先生の話をきいて、もっとほめ言葉になれるように
もっともっとほめ言葉になれるようにしたいです。

1、元気 3、明るい

１月15日金曜日に菊池先生が（栃木）四小にきてください
ました。６－１で授業をやりました。
　６－１で授業やって菊池先生がクラスや６年生たちにほめて
いた事。
・はくしゅがとてもよい。
・手の挙げ方がとてもよい。
・迫力姿勢（姿勢がとてもよい）。
・切り替えのスピードがとてもよい。
・友達がこまったら助けてくれる友達がいることがとてもよい。
・読む力がある人がたくさんいてとてもよい。
・後ろや遠い席の人でも正対していてとてもよい。
・クラスのみんなが大人でいてとてもよい。
と菊池先生はほめていた。
　たった45分しかないのにこんなにほめられてすごいと思いま
した。
　５－１でやっているほめ言葉
・～力　・漢字１文字～３文字
・～賞　・四字熟語　・俳句　・ことわざ　など
　こんなほめ言葉にしたい
　内容はとても深くて、時間が短いほめ言葉。
　主人公のことを一日見ていてそれにあったシャワー
　わたしが主人公になったときやってみたいこと…
・あくしゅをする。→あくしゅをするときにありがとうという。
まとめ
　菊池生はたった45分間で８個も見つけてとてもとてもすごい
と思いました。→わたしもそうなりたいです。
　もっとよいほめ言葉になれるように顔晴（頑張）りたいです。

— 157 —

③ 「菊池省三先生へ」愛知県　6年生

菊池省三先生へ

H.27年度 11月20日(土)の授業、ありがとうございました。1番心に残ったのは、私はいつも心の中で「まちがっていたらどうしよう」と思います。でも先生は、正しくなくていいと言っていました。予想することが大事、自分の思ったことを言えばいいということが分かりました。私は、卒業式の色を「むらさき」にしました。楽しさの赤とかなしみの青が混ってむらさきになりました。交流するとき、それを聞いた友達がうなずきながら聞いてくれて、自分の意見をもつことができうれしかったです。とっても勉強になりました。ありがとうございました。

『あしたはいつでも新しい』

平成27年度11月20日土曜日の授業、ありがとうございました。一番心に残ったのは、私はいつも心の中で「まちがっていたらどうしよう」と思います。でも先生は、正しくなくていいと言っていました。予想することが大事、自分の思ったことを言えばいいということが分かりました。私は卒業式の色を「むらさき」にしました。楽しさの赤とかなしみの青が混ざってむらさきになりました。交流するとき、それを聞いた友達がうなずきながら聞いてくれて、自分の意見をもつことができうれしかったです。とっても勉強になりました。ありがとうございました。『あしたはいつでも新しい』

④ 「きくち先生」高知県　1年生

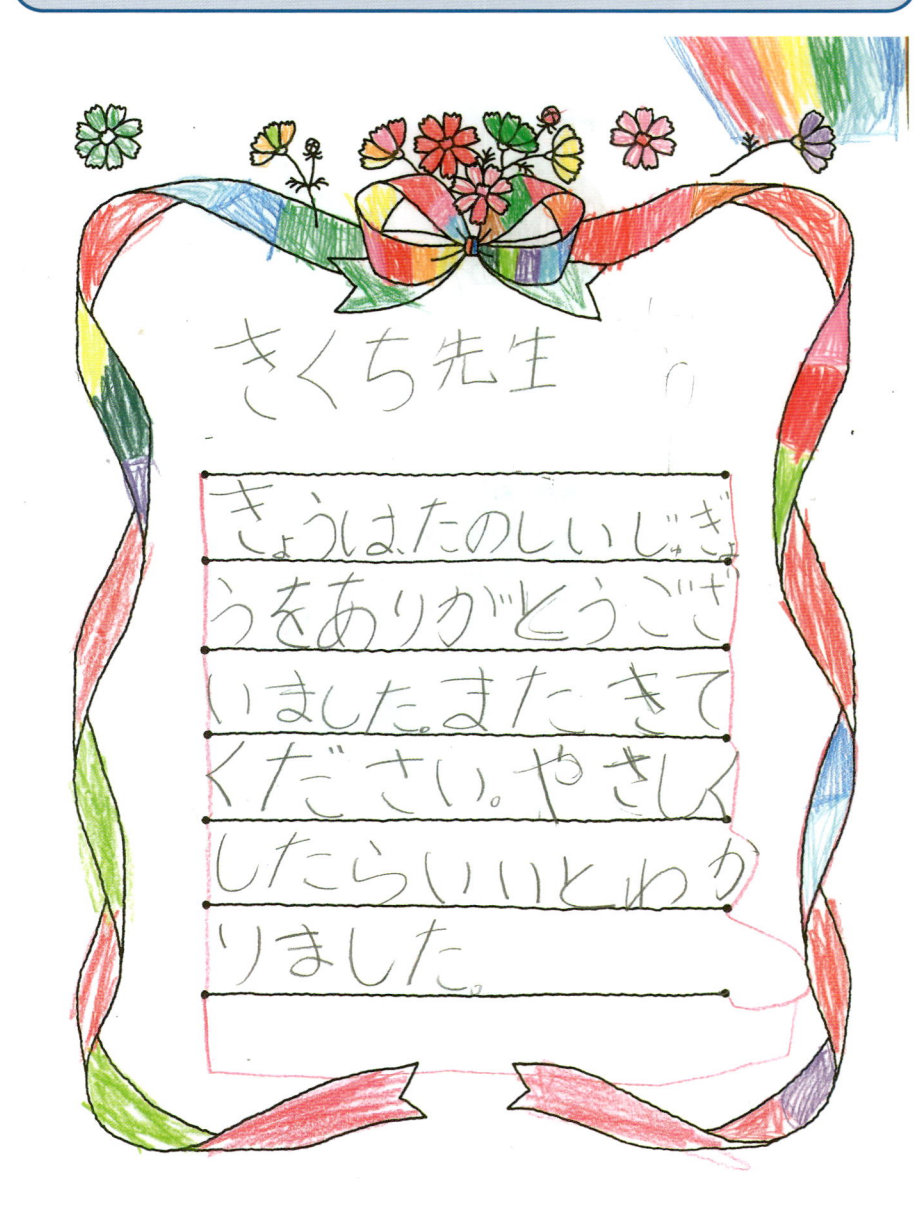

きくち先生

きょうはたのしいじゅぎょうをありがとうございました。またきてください。やさしくしたらいいとわかりました。

きょうはたのしいじゅぎょうをありがとうございました。ま
たきてください。やさしくしたらいいとわかりました。

おわりに

　2012年７月に放映されたＮＨＫの人気番組「プロフェッショナル　仕事の流儀」で私の実践を取り上げていただいたことをきっかけに、全国から講演の依頼をいただくようになりました。各地の講演後の懇親会の席で、

「地元で菊池道場の支部をつくらせてください」

「やりましょう」

　との会話が行われ、私が退職した頃には、その数が40近くになりました。

　こうして自然発生的に広がってきた「菊池道場」を、きちんとした組織としてスタートさせ、本格的な活動をしたいという思いが強くなっていたことが、退職の一つの動機でもありました。

　幸いに、2015年７月に菊池道場の機関誌「白熱する教室」（中村堂）を季刊でスタートさせることができました。その後、８月には「菊池道場全国支部長会」を神戸の地で開催し、全国ネットとしての「菊池道場」が正式発足いたしました。

　私は、その創刊号の「創刊にあたって」の中でつぎのように書きました。

　私たち菊池道場は、『新しい教育のあり方を問い続ける』という目標を持っています。

　その目標に少しでも近づけるように、決して排他的にならず、歴史にも学び、様々な主義主張にも真摯に耳を傾けながら実践研究を行いつつ、その成果を世に問おうとしているのです。

　こうした思いを少しずつ形にすることのできた１年であったと思っています。そして、そうしたことができていることを喜び、日々、幸せな気持ちに浸っているのです。

　全国の多くの出会いの中で、「菊池実践」に様々な形で興味をもっていただくようにもなりました。

　結果、2016年（平成28年）度は、高知県いの町教育特使、大分県中津市教育スーパーアドバイザー、三重県松阪市学級経営マイスターとの立場で、自

治体単位での「教育改革」の取り組みに参加させていただいています。

　2015年12月、「世界一受けたい授業」に出演させていただいた際には、菊池道場のメンバーや全国で出会った先生方の顔を思い浮かべながら、「多くの先生方は頑張っている」というメッセージを述べることもできました。

　33年間、北九州の地で手探りで積み上げてきた一人の教師の実践を、このような形で発信できることを感謝しつつ、「時は来た」との思いで日々挑戦しているところです。

　私が退職した直後に、そのことを耳にされたある出版社の方から、「平成の芦田恵之助になるのですね」と言われたことを思い出します。

　芦田恵之助先生（1873年－1951年）は、明治から昭和の時代に、綴り方教育を提唱された国語教育の実践家です。「七変化の教式」と呼ばれる授業法を確立したことで知られています。芦田先生は、公職を退かれたあとも全国の教室を巡って授業実践をされ、その様子は「教壇行脚」と言われました。「平成の芦田恵之助」と言われたときは、なるほどと思いつつ、あまりピンと来てはいませんでしたが、1年経った今、その言葉が現実的なこととして思い出されるのです。

　本著をまとめるにあたって、全国で行った私の授業を記録してくださり、様々な形で共に分析してくださった菊池道場の先生方には、本当にお世話になりました。また、本書に掲載の授業をさせていただいた福島県いわき市立三和小学校の先生方と児童の皆さんに感謝申し上げます。ありがとうございました。また、中村堂社長中村宏隆氏には、今回も企画から構成までお世話になりました。

　多くの皆様方に感謝申し上げます。

「自分の存在の全てをかけて、教室の子どもたちと向かい合う」、この覚悟こそが、私の現在の思いです。

　2016年4月25日　　　　　　　　　菊池道場　道場長　菊池省三

●著者紹介

菊池省三（きくち・しょうぞう）

　1959年愛媛県生まれ。「菊池道場」道場長。元福岡県北九州市公立小学校教諭。山口大学教育学部卒業。文部科学省の「『熟議』に基づく教育政策形成の在り方に関する懇談会」委員。

　2016年度　高知県いの町教育特使。大分県中津市教育スーパーアドバイザー。三重県松阪市学級経営マイスター。

【主な著書】『１年間を見通した　白熱する教室のつくり方』、『価値語100ハンドブック』、『人間を育てる　菊池道場流　作文の指導』、『「話し合い力」を育てる　コミュニケーションゲーム62』（以上、中村堂）、『小学校発！　一人ひとりが輝く　ほめ言葉のシャワー　1〜3』（日本標準）他多数。

１時間の授業で子どもを育てる
コミュニケーション術100

2016年6月1日　第1刷発行

著　者／菊池省三
発行者／中村宏隆
発行所／株式会社　中村堂
　　　　〒104-0043　東京都中央区湊3-11-7
　　　　　　　　　　湊92ビル 4F
　　　　Tel. 03-5244-9939　Fax. 03-5244-9938
　　　　ホームページアドレス　http://www.nakadoh.com
編集協力・デザイン／有限会社タダ工房
表紙デザイン／佐藤友美
印刷・製本／モリモト印刷株式会社

◆定価はカバーに記載してあります。
◆乱丁・落丁の場合はお取り替えいたします。
ISBN978-4-907571-27-6